将来の学力・コミュ力《りょく》は
10歳までの「言葉かけ」で決まる

フィンランドエデュケーション協会代表
水橋史希子

コスモ21

はじめに

○コミュニケーション力こそ子どもに身につけさせたいスキル

私は26年間、航空会社の客室乗務員として仕事をしていました。接客、安全性維持のためにもっとも重視していたのは乗客やスタッフとのコミュニケーションです。仕事上いろんな能力が求められますが、コミュニケーション力（コミュ力《りょく》）がもっとも大切だと感じていました。

退職後は、その経験を活かしてコミュニケーション教育を中心に企業研修や講演を行ない、これまでに３０００人以上の方を指導、応援しています。

それにしても、コミュニケーションがうまくいかず、悩んでいる人があまりに多いことに驚かされます。コミュニケーションをテーマにした本も数多く出版されていますが、それでも〝コミュニケーション難民〟のような人が増え続けています。

人は一人では生まれてくることも、生きていくことも、死ぬこともできないですよね。事実、人生の悩みの多くは人とうまく意思疎通ができないことから起こってきます。日本は世界でも珍しく、低年齢の子どものひきこもり、自殺、不登校が増加していますし、成人してからのひきこもりは社会現象になっています。そこに共通しているのは、家族や周りの人とうまく意思疎通ができなくなっているという問題です。

核家族化により子育て中のママたちも孤立して周りと意思疎通できず不安を抱えています。

人生を幸せに生きるためには、一方通行ではなく双方向で意思を伝え合うコミュニケーションがとても重要なのです。夫婦や親子、兄妹、友だち、仕事上での人間関係がうまくいくかどうかもコミュニケーションしだいなのです。

ですから、**コミュニケーション力（コミュ力）は、人生を幸せに生きるためにあまりにも重要なスキル**なのです。それで、私の企業研修ではコミュ力を磨くトレーニングを行なっていますが、大人になってからだと難しいのです。コミュ力は子ども時代にこそ身につきやすいのだと考えるようになりました。

日本ではコミュニケーションといいますと、発言力とか会話力のイメージが強いのですが、じつは**コミュニケーションの核になるのは対話力**です。人前で話す発言力は大人になってからでもトレーニングできますが、対話力はそうはいきません。子どものころに人と関わる喜びを知り、言葉をやり取りする楽しさを知ることで対話力の素地がつくられるからです。

とくに**10歳ころまでのコミュニケーション体験が大きく影響**します。フィンランドの小学校で行なわれているコミュニケーション教育や家庭における子育ては、このことをはっきりと教えてくれます。

○「miksi?(ミクシ?　どうしてだと思う?)」という言葉かけ

フィンランドは北欧の国です。この国の小学校では、10歳ころまでにコミュニケーション教育が行なわれています。

私は2013年に、突き動かされるようにしてフィンランドのある小中一貫校を視察に行きました。客室乗務員をしていたころは、私が勤務していた航空会社はまだフィンランドには就航していなかったこともあり、北欧に目を向けることはありませんでした。

この国は人口５５０万足らずの小さな国ですが、日本とはまったく違う考え方で教育を行なっています。塾もなく、試験などで競争させることもないのに、学力は常に世界トップクラスです。国連が毎年発表する国別の幸福度ランキングは、２０１８年度と２０１９年度は2年連続で世界1位です。日本は、２０１９年度は58位でした。

授業を視察し、家庭での子育ての様子を観察するなかでとくに印象深かったのが、子どもたちに「miksi?（ミクシ？ どうしてだと思う？）」という言葉かけをよくすることです。そして、子どもが親や先生、友だちと一緒に考えることをとても大事にしています。

こんな授業の光景に出会ったことがあります。「人にやさしいこと」がテーマで、ある子どもが「僕はお友だちのマッティ君が椅子を運ぶのを手伝いました」と発言しました。日本ならば「よくやったね」とほめて終わりそうですが、先生は「ミクシ？」という言葉をかけました。「どうして手伝おうと思ったの？」と理由を聞いたのです。

日本ならば困っている人を手伝うのは当たり前で、先生や親がそうしなさいと言い聞かせ、言われたとおりにできる子は〝いい子〟だし〝賢い子〟だと大人も子どもも考えるでしょう。

でも、どうして手伝うのはいいことなの？　と先生は言葉かけをしました。そこで、子どもたちはその理由を考え、いろんな発言がありました。その反応を聞いて、先生も自分が考える理由をていねいに説明します。フィンランドでは、こうした光景が学校の授業でも家庭の子育てでも見られます。

フィンランドの学校教育や子育てでは、大人から言われたとおりにできる子どもを育てるよりも、「ミクシ？」と言葉かけをしながら、自分で考え、それを言葉にして伝えるという体験を通じて、子どもの自主性やコミュ力を育てることが大切にされています。

○子どもが幸せな人生を生きるためのチカラを育てる言葉かけ

ヘルシンキの街中を歩いていますと、赤ちゃんを連れたママが言葉かけをしている場面によく出会います。親が家庭で子どもと過ごす時間が長く、よく子どもと対話するそうです。

一方、日本では家庭で親子が一緒に食事をする時間が減り、一緒に食べていてもそれぞれスマホを見ているような光景が多くなっています。子どもにかける言葉といえば、「どうして言われたとおりできないの」「それじゃダメでしょ」「はやくしなさい」……。

これでは、子どもの自主性やコミュ力が育っていきません。いくら塾だとか習い事を増やしても、いい大学、いい会社に入ることを目指して勉強をしても、子どもが幸せな人生を生きるために必要な自主性やコミュ力、そして本物の学力は身についていきません。

子どもの〝しつけ問題〟は、ママたちの悩みでいつも上位に来ます。将来、社会で生きていくために必要なルールやマナーを身につけさせたいと願うのは親の愛情ですが、いくら言って聞かせてもしつけがうまくいかず悩んでいるママが多いのです。

フィンランドでもしつけは親の役割であると思われていて、日本よりもはっきりとしています。日本との違いは親が上から「〜をしてはいけない」「こうしなさい」と指示したり、できないと叱ったりしないことです。

子どもが教えられたしつけを自主的にやるようになるには、子どもの心にママとの安全基地（ありのまま受け入れられていると安心できる心の基地）**がつくられていること、自己肯定感**（自分の存在意義を積極的に認める感情）**が育っていることが必要**

ママの言葉かけ
コミュ力・学力
一方通行ではなく、双方向で意思を伝え合う力
自主性
「やるべきこと」を自ら率先して行動する性質や態度
自己肯定感
自分の存在意義を積極的に認める感情
ママとの安全基地
ありのままを受け入れられていると安心できる心の基地

です。

「～をしてはいけない」「こうしなさい」と指示するような言葉かけになっていませんか。たとえば「静かにしなさい」は大人にとっては当然のことであっても、子どもの気持ちに寄り添い、「なぜかな?」「どうしてかな?」「ママはこう思うけどどうかな?」と言葉かけをしながら、子どもが自分で考えるようにし、その理由を言葉にして伝えるようにしてください。その体験を通じて、子どもの自主性やコミュ力を育てることが大切なのです。

家事も子育ても仕事も女性の方に背負わされて、社会の支援が遅れている日本の状況が子どもに悪い影響を及ぼしていることを強く感じています。そんな日本で子育てをしているママたちに、フィンランドの学校教育や子育てからヒントを伝えることができればと願い本書を著わしました。何より、子育てにおける言葉かけの意味を考えるきっかけになり、子どもの自主性とコミュ力、そして本物の学力を育てる助けになれば、これ以上の幸せはありません。

将来の学力・コミュ力は10歳までの「言葉かけ」で決まる……もくじ

Chapter 1 子どものコミュ力は10歳までの言葉かけが大切

Chapter 2 子どもが幸せな人生を生きるために本当に必要なチカラ

Chapter 3

「早くしなさい！」「ダメでしょ！」を連発するママにおススメ！

Chapter 4

こんなときはどんな言葉かけがいいの?

Chapter 5

まずママがハッピーになる

Chapter 1

子どものコミュ力《りょく》は
10歳までの言葉かけが大切

うちの子のコミュ力が心配

子育て中のママたちの心配事でとくに増えているのが、わが子が学校生活で人間関係を上手につくれるか、ということです。他の子どもとスムーズに付き合えるか、授業中はきちんと発言できるか、先生の話をじっと聞いていられるか……。

たとえば、周りの友だちに溶け込めず、一人でポツンとしていたら心配になりますよね。あるいは、自分のことばかり一方的に話していて相手の話を聞かず、友だちからいやがられているとしたら、やっぱり心配ですよね。

子どもによって成長の度合いが違っていたり、個性も違っていたりするため、他の子どもと様子が異なるのは当然だとは思っても、比べてしまってつい不安になったりしますよね。

さらに、男の子の場合と女の子の場合で、心配なことは少し違ってくるかも。比較的男の子に多いのが、モジモジしていて自分の考えを言えないこと。反対に女の子は、言語能力の発達が早いのでおしゃべりはできても、やるべきことができていないこと。

日本の小中学生を対象に、夏休みを利用してフィンランドの小中学校を訪問し、交流している自治体があります。私もアテンドさせていただきましたが、そのときは18人選ばれた小学5年生のうち男の子はわずか3人でした。

選考は、子どもたちが作文を書いて発表することと、校長先生との面談で行なわれましたが、コミュ力がいちばんの評価基準でした。その結果、女の子が圧倒的に多く選ばれました。やはり小学生のころは、言語に関係するコミュ力は女の子のほうが発達しているからです。

子どものコミュ力を育てるには、男の子と女の子で働きかけ方を変えたほうがいいでしょう。具体的には後ほど説明します。

コミュ力と学力を伸ばすにはポジティブな言葉かけが大事

フィンランドで子育てや学校教育の様子を見ていますと、日本との違いに驚かされることがたびたびあります。

その一つが、日本のように「やめなさい！」「早くして！」「どうしてできないの？」などと、上から指示したり命令したりする場面を見ることがほとんどないことです。あ

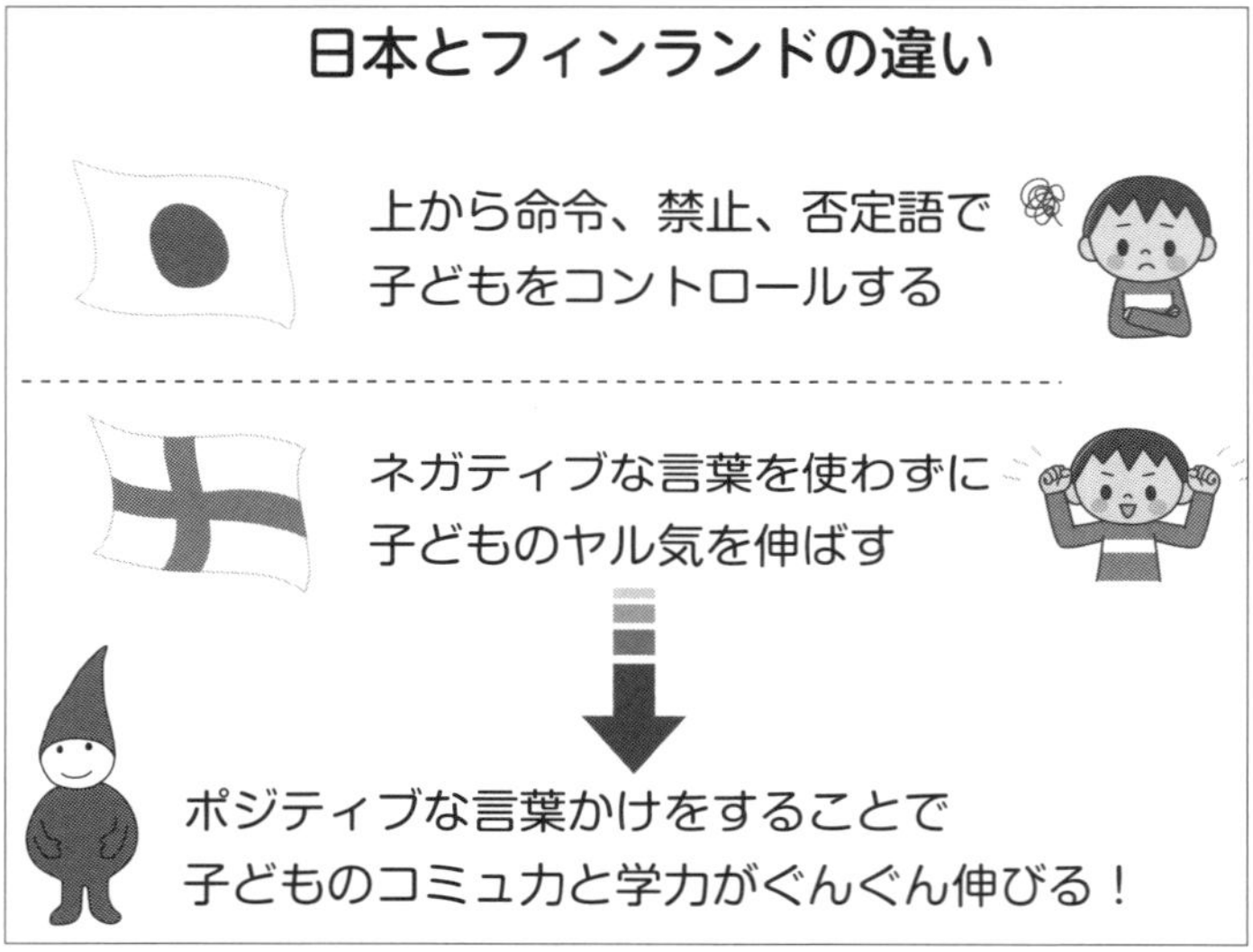
日本とフィンランドの違い
上から命令、禁止、否定語で
子どもをコントロールする
ネガティブな言葉を使わずに
子どものヤル気を伸ばす
ポジティブな言葉かけをすることで
子どものコミュ力と学力がぐんぐん伸びる！

るいは、「これをしてはいけない」「それができないからダメなの」などと、子どもを一方的に否定するような場面に出合ったこともありません。

日本の大人は、それくらい言わないとやらないし、ヤル気も出さないからと思いがちですが、フィンランドでは、そんなふうに言うと、かえってマイナスになると考えられています。

脳科学の研究では、きつい言葉を投げかけたり、厳しくしつけたりしても教育効果は期待できないことがわかっています。それどころか、子どもにストレスがかかり、脳の発達に悪影響を与えるというのです。夫婦間の激しいケンカや感情的に強く叱りつける言葉が多いと、子どもとの関係にネガティブな影響を与え、子どもの記憶力やIQを低下させるという研究結果も出ています。

子どもへの言葉かけをポジティブにしてみてください。それだけで、子どもは言われなくても自分から片づけたり、勉強にも意欲的に取り組んだりと変化します。学力やコミュ力がぐんぐん伸びはじめます。

子どもにポジティブな言葉かけをするいちばんのコツは、子どもと楽しみながら対話をすることです。くわしい方法はチャプター3をご覧ください。

コミュ力の中心は対話力

みなさん、コミュ力って、どんなチカラ、どんな能力だと思いますか？　別の言い方をしますと、コミュ力がある子どもって、どんな子どもでしょうか。

もっとも一般的なのは、なんとなくお友だちと仲良くお話しできる子どもというイメージかもしれません。

私は社会人向けにコミュニケーションの研修も行なっていますが、「私はコミュ力がないので、人前で話すことが苦手です」とおっしゃる方が驚くほど多いのです。たしかにビジネスにおいては、人前で自信を持って自分の考えを的確に伝えることは大切ですし、プレゼンテーション力やディベート力も大切です。

じつは、こうした力はその必要性に気づいたとき、たとえば高校生や大学生、あるいは社会人になってからでも身につけることができます。

私は今、大勢の方たちの前でお話をする仕事をしていますが、子どものころは目立つことが苦手で、できるだけ人前で発言するのを避けていました。それでも大人になってからは経験とトレーニングを重ねて発言力を身につけました。

ところが、発言力を身につけてもコミュ力が身につくとは限りません。**コミュニケーションをするには発言力よりも対話力が必要**なのです。そして、もっと重要なことは、対話力の基礎は大人になってから身につけるのが難しい。**小学生時代の10歳ころまでに人と話す楽しさを味わった体験が土台になる**からです。

対話は話すだけでなく、相手の話を聞くことで成り立ちます。相手の気持ちや考えを前向きに受けとめ、そのうえで自分の気持ちや考えを伝える。そんなやりとりをす

コミュニケーションに必要な力は対話力

会話　お互い言いたいことを言い合う

対話　相手に軸を置き、相手の話を聞く

対話力は大人になってからは身につけにくい

10歳くらいまでに対話力の資質を身につけることが大事！

るのが対話です。

このことは、対話と会話の違いを考えてみるとわかりやすいと思います。

会話は、お互いに言いたいことを言い合うことであり、どちらかというと自分が話すことが軸になっています。これに対して**対話は、自分より相手に軸を置き、自分のことを話すより相手の話を聞くことを優先**します。

たとえ相手の考えが自分と違っていても、どちらが正しい、間違っていると対立するのではなく、違いを理解し合い、互いに合意できるところを探っていきます。

ママと子どもの対話ならば、こんな感

じです。

ママ「ママはこうしたほうがいいと思うけど、どうしてかな？」

子ども「僕はこうしたいよ」

ママ「そうか、ママと少し違うね。じゃ、こうしてみるのはどうかな？」

子ども「それでもいいけど、僕だったらこうしたい」

ママ「そうだね。じゃ、こうしてみようよ。どうかな？」

子ども「それだったらいいかも」

日本人は、こうした対話がとくに苦手のようです。自分の考えと違うことを言われると、自分を否定されたような感じがして落ち込んだり、感情的になって相手を否定したりする人が多いかもしれませんね。

大人が「互いの違いを乗り越えて共にがんばりましょう」と言っている場面を見ることはよくありますね。でも、実際には違いを認め合い、合意できるところを探っていく対話ができないため、かけ声だけになってしまうことが多そうです。

対話力は大人になってから身につけることが難しいので、子ども時代に、とりわけ10歳ころまでにそのための資質をつくっておくことが必要なのです。

コラム

「コーヒー大好きなフィンランド人はカフェで対話を楽しむ」

フィンランド人はコーヒーが大好きで、比較的軽めの浅炒りのコーヒーを一日に4、5杯は飲むそうです。国民1人当たりの年間消費量は世界トップクラスといわれています。

コーヒーを飲みながら、対話を楽しむことも習慣になっています。視察先の小学校の職員室にも、まるでカフェのようにソファと大きなテーブルが置かれていて、先生たちがコーヒーを片手に話しています。

ヘルシンキなどで街に出ると、あちこちに小さなカフェがあります。それぞれのカフェのデザインも個性的で、お気に入りのカフェを見つけるのが私の滞在時の楽しみのひとつになっています。

日本人がコミュニケーション下手な理由

私は長年、国際線の客室乗務員として勤務していました。乗客には日本人はもちろ

ん、外国人もいますが、そうした方々に接していて、強く感じたことがあります。それは、日本人のコミュニケーションの仕方は外国人とまったく違うということです。

国の歴史や文化の違いによってコミュニケーションの仕方は違ってきます。島国で単一民族として生きてきた日本人は同質な集団の中で、言葉を発するよりは「察すること」を得意とします。「空気を読む」ことが得意である一方、シャイで人見知りで控えめです。初対面では自分を表現することも少ないでしょう。

たとえば満員の電車内で、「降ります！　すみません」と声をかけなくても周りの人が察して譲ってくれるので、スルスルっと出口に向かうことができます。これは日本人の特殊能力で、周りの人に言葉かけをしなくても通じてしまうのです。外国人に対しては、「エクスキューズミー！」と声をかけなければ誰も察してはくれません。

私のCA時代にも同じようなことを体験しました。お客様が飛行機に搭乗されるとき、客室乗務員は入口で挨拶をし、座席案内をします。このとき、日本の利用者はあまり挨拶を返してくれませんし、目を合わせることもありません。

私は日本人だから仕方がないと割り切って笑顔で接客をしていましたが、欧米人は必ずアイコンタクトをして笑顔で挨拶をします。

今までは、同じ日本だから、いちいち挨拶しなくても空気を読んでよね、という感覚でやってこられたと思います。ところが今は、日本人同士でもそれが通用しなくなってきています。同じ家族なんだから、親子なんだから、いちいち言わなくてもわかってよ態度では通用しなくなったのです。

新入社員に求められるスキルとしてコミュ力はますます重視されています。コミュ力が不足していると、いくら能力があっても成果を出すことがますます難しい時代になっているからです。日本社会も集団中心から個人中心に変化してきていて、仕事だけでなく日常生活において人間関係を築くにはコミュ力がますます必要になっていきます。

このコミュ力の基礎を10歳ころまでにつくっておくためのキーワードが言葉かけです。「言わなくてもわかってよ」「言われたとおりにしなさい」ではなく、子どもが自分で考え、自主的に行動しはじめる言葉かけがコミュ力の基礎をつくっていきます。フィンランドの子育てや学校教育がそのことを教えてくれています。

「ミクシ？（どうしてだと思う？）」の言葉かけで子どもの自主性を引き出す

フィンランド視察に向かう飛行機で機内誌をパラパラとめくっていたときのことです。ふと、福島県の特集記事が目にとまりました。

福島といえば、会津の「白虎隊」が思い浮かびますが、その会津藩には「什《じゅう》の掟《おきて》」という明文化された心得がありました。

「嘘を言うことはなりませぬ」「卑怯な振る舞いをしてはなりませぬ」「弱いものをいじめてはなりませぬ」などとあり、最後は「ならぬことは、ならぬものです」の一文で締められています。

ダメなことはダメ、だから何も考えずに、何も言わずにその通りにするのだと、いかにも日本的な心得が示されています。

以前の私なら、あまり疑問を感じなかったでしょうが、このときはとても違和感を覚えました。**今の日本の子どもたちには、なぜ、ならぬことがならぬのか、その理由を自分で考える力が必要**だからです。

弱いものをいじめてはならないとだけ教えるのではなく、なぜ、弱いものをいじめてはならないのか、子どもに問いかけることです。それによって、自分でその理由を考えるところからはじめるようにするのです。

それは、私がフィンランドの学校教育を見ていて、強く印象に残った光景の一つでもあります。「ミクシ？」と言葉をかけ、それをくり返すことで、子どもたちの自主性やコミュ力を育てています。

これは、フィンランドの小学校2年生の授業（日本でいえば「道徳」の授業）を視察したときの光景です。

先生が子どもたちに、このような言葉をかけました。

「今日は『勇気があること』『人に優しいこと』『嫌な気持ちになったこと』について考えましょう」

そして、それぞれのキーワードについて、先生が独自に選んだ教材を使って説明します。そのあと、

「『勇気があること』について、みなさんが家や学校で自分でやったことがあれば具体的に話してください」

と子どもたちに言葉をかけます。

一人の女の子が手を挙げて発言しました。

「お隣の家ではウサギを飼っています。そのウサギを見に行きたくて、勇気を出してお隣の家まで行って『ウサギを見せてください』とお願いしました」

先生はその子の発言を聞いて、

「パパやママに聞かずに、お隣に自分から聞きに行ったのね。それは勇気があることですね。みんなで拍手しましょう」

と話しかけます。

次は、「人にやさしいこと」についてある子どもが発言しました。

「僕はお友だちのマッティ君が椅子を運ぶのを手伝いました」

それに対して先生は、

「ミクシ?」

と質問します。「どうして手伝おうと思ったの?」と、その「理由」を聞いたのです。

その後、先生と子どもたちの間でこんなやりとりが続きました。

男の子「マッティ君は一人で椅子を運ぶのが大変そうだったからです」

先生「マッティ君の気持ちを考えたのね。そのとき、マッティ君はどう思いましたか？」

マッティ「手伝ってもらってとても嬉しかったです」

先生「そうよね。助けてもらうと嬉しいよね。人にやさしくすると喜んでもらえる、ということですね（全員で拍手）。それでは、嫌な気持ちになったことについてはいかがでしょうか？」

女の子「○○くんにいじわるされたことです」

先生「どんなことをされたの？」

女の子「休み時間に外で遊んでいるときにたたかれました」

先生「そのとき、どんな気持ちがしましたか？」

女の子「悲しかったし、たたかれたから痛かったです」

先生「○○くんは、何か言いたいことはありますか？」

○○「悪いことをしたのはよくなかったです」

先生「今、○○ちゃんに謝れる？」

○○「ごめんなさい」

先生「そうですね、嫌なことをしたときは謝るのよね。〇〇ちゃんは嫌な気持ちになったことを伝えたし、そのことを謝った〇〇くんもとても勇気がある行動です。みんなで拍手しましょう」

このように、一方的にダメと言うのではなく、相手の気持ちを理解させるために、

「ミクシ?」

と言葉かけをするシーンをあちこちの授業で見かけます。全員で拍手する場面もよく見かけますが、これは承認しているという肯定的なメッセージになり、クラスの雰囲気が非常にポジティブになります。

日本ですと、最後に先生が「これからは人にやさしくしましょう」「勇気を出して行動しましょう」とまとめて、そのように行動することを促すことが多いと思います。でもフィンランドでは、そうした場面は一切見ません。

自主性とは、言われたことをやるのではなく、自分で考えて行動することだと先生が認識しているからです。ですから、日本の先生のように、子どもたちに指示する必要はないのです。

これからの日本の子どもたちは、日本人同士だけでなく外国人とコミュニケーションすることがますます増えていくはずです。相手が日本人なら、「ならぬものはならぬ」と思っていることはそれほど説明しなくても伝わるかもしれません。しかし、相手が別の国の人なら、「ならぬことはならぬ」理由まで説明しなければ伝わりません。そのためには対話によるコミュニケーションが必要なのです。

「ミクシ?」という言葉かけ

子どもが自分で自主的に考えるきっかけになる。対話する楽しさを味わえる

⬅

コミュ力の基礎がつくられていく

コラム

日本でも広がりはじめたフィンランドの「ネウボラ制度」

フィンランドのネウボラ制度は日本にも広がりを見せています。すでに300カ所以上の自治体で、日本式ネウボラが取り入れられているようです。

フィンランドのネウボラ制度は妊娠期から6歳になるまで、一人のネウボラ保健師さんが保護者を担当します。ワクチン接種を含む医療面のサポートなどだけでなく、母親とパートナーを心理面でも支えています。

担当を変えてほしいという声はほとんどないといわれることからも、とても信頼性の高い制度であることがわかります。

毎年行なわれるネウボラの研修では脳科学、児童精神科、カウンセラーなどの専門家が最新の情報を伝えています。そうして、保護者が共感できるネウボラ保健師さんを育てることが重視されています。

私が見学した研修では、難民の母親にもネウボラ制度を活用してもらえるようにするには、どのようにアプローチしたらいいのかという話も出ていました。フィンランドに住むすべての子どもと保護者をサポートしようという愛にあふれた活動に取り組んでいることがわかりました。

今後は、日本式ネウボラを通して、日本の子どもと保護者をどのように支援していけるのか、私たちもその可能性を模索していきたいと思っています。

コミュニケーションの資質をつくる授業

私がフィンランドの小学校で行なわれているコミュニケーション教育の授業を視察しはじめたのは2013年からです。その授業内容は、そのまま日本で社会人向け企業研修に使えるものでしたが、日本でイメージされているコミュニケーションとはかなり違っていました。

すでにお話ししましたが、コミュニケーションの中心は発言力より対話力です。フィンランドの小学校で行なわれているコミュニケーション教育も対話力が中心になっています。

現地の先生方に聞いてみますと、これからの時代はますます人と対話ができて、仲間と協働する（同じ目的のために対等の立場で協力して働く）力が重要になるといいます。フィンランドの学習指導要領でも、対話力の育成が重視されています。

いくら個人の能力が優れていても、チームで協力しないと良い結果を出すことはできない。協力するには、相手の話を聞く力、自分と違う意見も感情的にならずに受け入れる力、そして違いを認めたうえで互いに合意できる力が必要。それを可能にするのが対話力です。

フィンランドのコミュニケーション教育の授業で、表情と感情を読み取るジェスチャーゲームが行なわれているのを見たことがあります。

子どもたちが教室で円になって座ります。最初の子どもが「嬉しい」という気持ちを顔の表情だけで隣の子に伝えます。隣の子は、それを読みとって顔の表情で次の子に伝えます。最後の子が「それは嬉しいときの顔」と答えられれば当たりです。

表情はコミュニケーションにおいて、とても大切な役割をします。言葉より表情のほうが互いの気持ちをキャッチするのに有効なこともあります。このゲームで、子どもたちがそのことを体験できるようにしているのです。

こんなゲームも行なわれていました。ペアになった子どもの一方が「怒りながらサッカーをしている」シーンをジェスチャーと表情で相手の子に伝えます。それを見て当てるというゲームです。

フィンランドでは、日本と同じように10年に一度、学習指導要領が改訂されますが、2016年の改訂では、ヒューマンスキルとしてコミュ力がさらに重要視されました。AIがますます活躍する時代を生きていく子どもたちには、知識を覚える能力よりも、人とポジティブに関わる能力がもっと必要だと考えられているのです。

フィンランドは人口が約550万（2017年）と小さな国なので、その分、子どもたちの未来に必要な教育をできるだけ先取りして実行しようとしているのだと思います。日本は、これまで独自の教育や子育てをしながら経済大国となりましたが、このままの教育や子育てを続けていて、果たして子どもたちは未来社会を生き抜いていくことができるのだろうか。そんな不安を感じている親は多いことでしょう。

とくに、高等教育を受けた若者のコミュ力不足がとても心配されています。子育てや学校教育でコミュ力を育てる重要性があまりに軽視されてきたからです。フィンランドからヒントを得て、日本でも10歳くらいまでにコミュ力の基礎をつくる子育て、学校教育がますます必要になっています。

コラム「フィンランドの先生は人気の職業で尊敬されている」

いつもお世話になっているフィンランドの小学校に視察に行きますと、とても親切にいろんな情報を開示してくださいます。

教育国家フィンランドでは教育費は全て無償です。教師の育成にもかなり予算をかけていて、大学院を卒業しないと先生にはなれません。なりたい職業のランキングでは、教師はいつもトップに入るそうです。

「お給料がいいのですか？」と質問すると、「決してそうではありませんが、子どもたちと共に成長できる素晴らしい仕事なのです」という答が返ってきます。

国全体で教育に力を入れていることもあって、大学などの研究機関、産業界、政治の世界などと教育現場がしっかりと連携しています。ですから、現場の先生方は常に最新の情報を共有しながら授業に臨むことができるのです。

そのように、国全体で子どもたちの未来に何が必要かを考え、教育のレベルアップをはかっていて、海外の教育を取り入れたり学校内での先生同士の勉強会も盛んです。

日本とフィンランドの教師の仕事を比べると、フィンランドの教師は学習指導の専門家であり、日本の教師のようにそれ以外の仕事をする必要はありません。

まず、学校行事はほとんどありません。入学式も始業式もなく、部活もありません。卒業式だけは子どもたち主体で行なわれているようですが、スポーツなどの活動は自治体が運営するサッカー教室などに参加するそうです。

学校がやるべきことの優先順位がはっきりしているので、先生や保護者がやるべきこともはっきりしています。しかも、自己満足にならないように、先生と保護者、自治体が常に対話をしながら、何が子どもたちに必要なのかを決めているといいます。今までこうだったからという慣例重視ではなく、時代の変化に合わせて柔軟に対応できるようになっているのです。

日本でも、そうした取り組みが必要になっています。現役の保護者や学校の先生だけでなく、地域社会も参加して、子どもの教育に本当に必要なことは何かを一緒に考え、実践していくことが求められています。

子どもの中にママとの安全基地をつくる

フィンランドの小学校の先生方にこんな質問をしたことがあります。「コミュニケーション教育は何年生がベストですか?」

すると、はっきりと「2、3年生です」という答が返ってきました。成長度は子どもによって多少違いますから、少し幅があるとしても、だいたい10歳くらいまでが最適だということです。

脳の発達段階を見ますと、10歳前後を境に社会性が強くなっていきます。1年生だとまだ自分のことしか考えられません。2年生になるころから3年生にかけて、他の友だちの存在が見えてきて、比較したり、恥ずかしいと感じたりするようになります。そのころまでが、コミュニケーションの基礎、対話の基礎をつくるのに適しています。

そのために、じつはもう一つ大切なことがあります。それは、**子どものなかに「ママとの安全基地」をつくっておくこと、自己肯定感を身につけておくこと**です。その土台の上で自主性やコミュ力は身についていきます。

日本のママたちの悩みのひとつが「しつけ」ですが、フィンランドでも子どものしつけは親の役割であると考えられています。子どもが将来、社会で生きていくためのルールを家庭でしっかり教えます。日本と違うのは、上から命令したり叱ったりしないことです。それは言葉かけにも現われていて、赤ちゃんのころから「ミクシ？（ど

うしてだと思う?)」と話しかけます。それが「ママとの安全基地」をつくり、自己肯定感を培うことに繋がっているのだと思います。

子どもはママと過ごすことで安心できる時間が大好きです。その体験を通して、何があっても自分がそのまま受け入れてもらえているという感覚を持てると、ママとの安全基地、自己肯定感が子どもの心につくられていきます。

「そのまま受け入れる」というと、日本では子どもを甘やかすことになるとか、放任することになると考える人もいますが、けっしてそうではありません。どんなときでも、子どもとポジティブに向き合うということなのです。

しっかりしつけないといけないと思うと、つい厳しくなってしまうというママの相談を受けることがたびたびあります。そんなママには、子どもへの言葉かけをできるだけポジティブにしてくださいとおススメしています。

たとえば、こんな感じです。子どもがテストで30点をもらってきたとき、「何よ、この点数は」「勉強しないからよ」とネガティブな言葉かけになりやすいでしょう。そこを徹底してポジティブにして「がんばってたね」とか「できるようになったんだね」と言葉かけします。本当はそう思えなくても女優になったつもりでやってみると、子どもは驚くほど変わってきます。

いちいちうるさく言わないとやらなかったのに、進んで片付けをするようになったり、お手伝いをしてくれるようになったりします。それは、子どもの心にママとの安全基地ができ、自己肯定感をもてるようになったからです。その結果、子どもの自主性やコミュ力がグンと伸びたという事例はたくさんあります。

いくら塾や習い事に通わせても、ママとの安全基地や自己肯定感が弱いままだと、新しいことにチャレンジする自主性を発揮できないし、先生や友だちとのコミュニケーションもうまくいきません。学校生活は辛い時間になるばかりです。

コラム

赤ちゃんの感情を言語化する言葉かけ

フィンランドの家庭や保育園では赤ちゃん期からの言葉かけを大事にしています。

日本でも赤ちゃんが泣いているとき、「どうしたの？　眠いよね」とか「お腹がすいたね～」などと自然に声をかけていますよね。フィンランドでは、それを意識していつも行なっているそうです。それは、子どもの言語能力を伸ばすためだけでなく、赤ちゃんが感じていることを周りの大人が代弁することによって感情と言葉を結びつけることができるようになっていくからです。

私が視察した保育園の先生も、最近はとくに子どもたちの感情表現に注目していると話していました。保育園児になるとイライラしたり、思い通りにならないことがあったりすると、かんしゃくを起こしたり、泣き叫んだりして訴えることがあります。そのとき、言葉で伝えることで周りとのコミュニケーションが取れますし、社会性も育っていきます。

「悲しい、辛い、痛い」などネガティブな感情や、「嬉しい、楽しい、面白い、できた」などポジティブな感情を言葉で表現できるように、いろんな表情をイラストにしたカードを使った指導も行なわれていました。

視察したフィンランドの保育園や小学校で、子どもたちがかんしゃくを起こしたり、泣き叫ぶ光景を見なかったのは、赤ちゃん期から言葉かけを行なっている結果なのでしょう。

子どもへの言葉かけはドッジボールではなくキャッチボールで

子どもへの言葉かけを大事にしてくださいとお話をすると、ドッジボールのような言葉かけになってしまうママたちが意外に多いのです。

ドッジボールは相手を倒すためにボールをぶつけます。同じように、子どもを倒すために言葉をぶつけてしまうのです。そうではなくて、キャッチボールをするつもりで言葉かけをしてほしいのです。

キャッチボールは相手がボールを受け取りやすいようにボールを投げます。投げる自分のことより、受け取る相手のことを考えているのです。そのほうがキャッチボールはスムーズにいくからです。

言葉のキャッチボールも同じです。言葉を受け取る相手のことを考えて言葉をかけます。こうすると、言葉のやりとりがスムーズになります。

このように説明しますと、「忙しくて、そんな悠長なことをしている暇はないです！」と言われるママがいます。たしかに、受け手側の様子を見ながら、というのは少し手間がかかるかもしれません。でも、10歳になるまでにこうした言葉かけをやっておけば、子どもの自主性やコミュ力が育ち、しだいにいちいち言わなくても自分から取り組むようになります。

キャッチボール式の言葉かけは、毎日でなくても大丈夫です。気づいたときだけでもいいので、子どもの様子をよく見ながらやってみてください。

★言葉のキャッチボールをしていたら友だちがたくさんできました！

ある小学校1年生の女の子の話です。父親の転勤で地方から東京に引っ越してきたばかりでした。もともと活発な子で、保育園時代は友だちとも楽しく過ごしていました。ところが東京の小学校に入ってからは、クラスでひとり静かに折り紙を折ったりしていることが多いと担任の先生は言います。

お母さんも娘さんに友だちができないことをとても心配していました。そして突然、「学校に行きたくない」と言い出したので、心配になりご相談に来られました。

まだ、学校であったことはあれこれとお母さんに話してくれるようです。そこで、言葉のキャッチボールを心がけてくださいとおススメしました。子どもがお母さんに投げてきた言葉は決して否定しないで受け取ること、子どもの言葉は共感して聞くこと、アドバイスをしたくなっても言わずにひたすら聞くことをお願いしました。

それまでお母さんは、女の子が学校であったことを話すと、

「どうしてそんなこともできないの？」

と言ってしまうことが多かったそうです。そのことに気づいたお母さんは、言いたくなる気持ちをぐっとこらえて、子どもの言葉の裏にある気持ちをキャッチしよう、その気持ちに共感してみようと決めて、ひたすら聞くようにしました。こんな感じです。

「今日ね、学校でこんなことがあったんだよ」

「そうだったんだね。どう思ったの？」

「友だちとうまく話せないんだけど……」

「そっかあ」

こんな言葉かけを続けているると、女の子の気持ちが落ち着いてきたので、次は「それはこういう感じなのかな？」と別な表現を使って問いかけてもらいました。すると、少しずつですが、自分の考えを話してくれるようになり、対話することができるようになりました。そんなある日、まるでミラクルのようにお友だちを連れてきたのです。学校にも楽しそうに行けるようになりました。

男の子は自由な外遊びが必要

「男の子は素直でかわいいけど異性ですし、わが子のことながら本当のところがよくわかりません。どうなっているのか心配なんです」

というママの声をよく聞きます。

講演会でも、こんな質問を受けたことがあります。

「うちの長男は5歳なんですが、落ち着きがなくて困っています。集中力を身につけるにはどうしたらいいでしょうか」

そのとき私は、

「お子さんを外で自由に遊ばせてますか？」

とお母さんに質問しました。そして、フィンランドでは外での遊びを大切にしていることを伝えました。

フィンランドでは、小学校の授業と授業の間の小休みは子どもたち全員、外に出て遊びます。雨が降っても、雪が降っても活発に遊びます。

子育て中のフィンランド人のパパたちも、「子どもは自然に触れさせないとダメなんだ。家の中にいたら成長しないよ」と考えている人が多いようです。ですから、日常的に森に行ったり、冬はスケートに連れて行ったりと、どんどん外に連れ出すようです。とくに男の子にはそうしているようです。

日本でも、サッカー教室などのスポーツクラブに通っている子どもは外で活動しているでしょうが、フィンランドの場合とはちょっと様子が違います。日本の場合は、大人が決めたルールにそってやるほうがいいと考えられています。

フィンランドの場合は、できるだけ制限のない自由な状態で子どもたちを遊ばせています。そのほうが子どもの自主性が育ちますし、運動能力や脳の発達にもいいからです。

ケガをするから、危険だから止めなさいと注意することはありますが、なぜいけないのか子どもが納得できるまで丁寧に説明します。子どもが自分で考え、納得して自分の行動を決めること、自主性やコミュ力が育つことを優先しているからです。

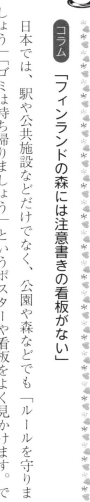

コラム 「フィンランドの森には注意書きの看板がない」

日本では、駅や公共施設などだけでなく、公園や森などでも「ルールを守りましょう」「ゴミは持ち帰りましょう」というポスターや看板をよく見かけます。でも、フィンランドでは目にしません。

森や湖など自然と共存するためには、一人ひとりが自然を大切にしようという意識が定着しているからです。子どもたちも小さいころから、なぜ自然を大切にするのか、自分で考える習慣があるからでしょう。

こういうところにも、「ミクシ？（どうしてだと思う？）」と言葉かけをして、納得できるまで丁寧に対話する教育、子育てが行き届いているのでしょう。看板がなくても、森にゴミが捨てられることはありません。

よくおしゃべりするから大丈夫だと決めつけない

男の子に比べて言葉の発達が早い女の子たちはお話が上手で、まるですべてをわかっているように話します。どこでそんなことを覚えたの？　と驚くようなことまで女の子同士で話していることもあります。小学校低学年のころから恋バナに花を咲かせたり、ママにアドバイスしてきたりすることも。

そんな様子を見て、この子は大人のようにいろいろなことがわかっているから大丈夫だと勘違いして、お友だちのような関係になってしまうところに落とし穴があります。

言葉の表現が大人びていても、まだ心も身体も子どもです。学校では不安な気持ちを抱えて一人で戦っているのに、家ではママの気持ちを理解しようとがんばっている。そうしたことを無意識に行なっているので、本人は気づいていませんが、心の中にストレスを溜めているのです。

小学2年生のかおりちゃんは、数カ月に1回、かんしゃくを起こして泣き叫んでいました。なぜそんなことになってしまうのか、ママも心配していました。かおりちゃんは、とても活発でお話好きなのですが、学校ではその自由さが担任の先生に受け止めてもらえず、自分でもどうしていいかわからなかったのです。

そのストレスがときどきかんしゃくになって表われていたのですが、ママは事情がわからず、心配が募るばかり。もっときちんとしてほしくて、つい叱ったり、怒ったりすることも多かったそうです。

相談に来られたママに、まず、かおりちゃんがいつも当たり前にやっていることを「ちゃんとできたね」「うれしいよ」と言葉にして認めてくださいとお伝えしました。

「毎日学校に行っているかおりを見てると元気がもらえるな」

「自分でご飯をしっかり食べられるのでママはうれしい」

ところが、こんな言葉かけをしていると、かおりちゃんがかんしゃくを起こして爆発することがもっと多くなりました。この反応にママは戸惑いましたが、かおりちゃんはようやくママに自分の辛さを言葉に出して言えるようになったのです。それにつれて、かおりちゃんの心の中に「ママとの安全基地」が出来ていきました。

それにつれて、ママと落ち着いて対話ができるようになり、友だちとも上手にコミュニケーションができるようになったのです。

子どもへの言葉かけには「子ども新聞」もおススメ

子どもへの言葉かけが大切なのはわかったけど、毎日続けようと思っても話題が続かないので困りますよね。そんなときおススメしているのが日本の「子ども新聞」です。

フィンランドは冬が一年の半分もある寒い国です。家で過ごす時間が長くなり、家族で対話する時間も増えます。話題はいろいろでしょうが、テレビやネットから流れてくるニュースもごく自然に話題になるそうです。

日本の家庭ではちょっと考えづらいかもしれませんが、ニュースを話題にして言葉かけをしてもいいのです。ただし、テレビやネットから流れてくる情報は悪質な事件など刺激的なものが多いので向きません。その点、子ども新聞の記事は子どもとの対話に向いているのでおススメしています。しかも、カラーなので楽しく読めます。

「子ども新聞」の記事ならば安心して話題にできますが、注意してほしいことがひとつだけあります。それは、話題にしたニュースに対して子どもがどんな意見を言っても、そのまま受けとめることです。「そうじゃない」と否定したり、「それは、ここがおかしいのよ」とアドバイスしたりしないでください。ぐっとこらえて、

「そっかあ、○○はそう思うんだね」

と、共感してください。

「ママはこう思うなあ。パパにも聞いてみよう」

と話を続けます。

正しい答を求めるのではなく、子どもの考えを引きだすことが何より大事なのです。ぜひ、楽しみながらやってみてください。

おまけですが、ニュースを話題にすると、学校の勉強への備えにもなりますよ。

コラム

教育先進国フィンランドもかつては「コピペ教育」だった

フィンランドの教育制度について、ご紹介します。

フィンランドは、ＰＩＳＡテスト（ＯＥＣＤ＝経済協力開発機構が行なう先進国の15歳を対象にした学力一斉テスト）で常に上位の成績を出しています。日本もＰＩＳＡテストの成績は上位ですが、フィンランドの先生方は、成績はあくまでも結果であって、いい成績を出すために教育をしているわけはないと、はっきりおっしゃいます。

たしかに、フィンランドの教育は日本とはプロセスがかなり違っています。一番の違いは、競争させない教育をしていることです。自主性を育て、コミュ力を伸ばすことを重視した教育が徹底していて、学ぶことが楽しいことだというアプローチをした結果として上位の成績が出ているだけなのです。

日本でもゆとり教育などいろんな取り組みをしてきましたが、知識重視で、テストで競わせて苦手な科目を克服させるという姿勢は変わっていないと思います。それによって国民全体の知識レベルが向上してきた面はありますが、もう一方で子どもの自主性やコミュ力の不足という課題を抱えています。

じつはフィンランドでも、知識を覚えることを中心にした教育が行なわれていた時代があります。今は、そうした教育を「嘔吐教育」「コピペ教育」と呼んで、厳しく戒めています。一方的に知識を与え、それを覚えさせ、テストなどで紙の上に吐き出させるような教育では、けっして子どもの自主性やコミュ力は育たないと考えられているからです。

日本の学校教育や子育ての現状は、「嘔吐教育」「コピペ教育」のレベルに留まっている気がしてなりません。

ここでフィンランドの教育の変遷について紹介します。大きくは三期に分けられています。

Ⅰ期［1960～70年代］覚える教育（嘔吐教育）⇩先生が主役

Ⅱ期［1980～90年代］知識生成教育⇩子どもたちが主役で自主性を重視

Ⅲ期［2000年代］21世紀型教育（主体的教育）が現在進行中⇩知識、情報より学ぶスキルを主体的に学ぶこの区分で考えますと、日本はⅡ期の段階にあり、Ⅲ期を目指すための準備をしているところだと思います（２０２０年の学習指導要領改訂）。何でもフィンランドと同じにする必要はありませんが、すでにⅢ期にあるフィンランドから多くのヒントを得ることはできます。

Chapter 2

子どもが幸せな人生を生きるために本当に必要なチカラ

「〜しようね」ではなく「どうかな？」と言葉をかける

日本の子育て、学校教育は〝いい大学〟に入り、〝いい会社〟に入れば子どもの将来は安定するといったところに留まっている気がします。その一方で、それだけでは子どもは幸せに生きられないのではないか、どんな力を身につければいいのか、不安や迷いを感じながら子育てをしているママは多いでしょう。

ところが今、世界中がネットワークでつながり、時代の変化はますます加速しています。いくら与えられた知識を身につけても、それを変化に応じて活用できなければ、すぐに通用しなくなります。

それなのに日本の教育や子育てでは、まだまだ受験に合格するための知識を身につけることが根強く行なわれています。それで子どもたちはこれからの時代を本当に生き抜いていくことができるでしょうか。

〝いい大学〟に合格できても、〝いい会社〟に入社できても、必要なのは関心をもったことに自分から取り組む自主性、考え方の違う相手と対話できるコミュ力が身についていないと前に進むことはできないでしょう。

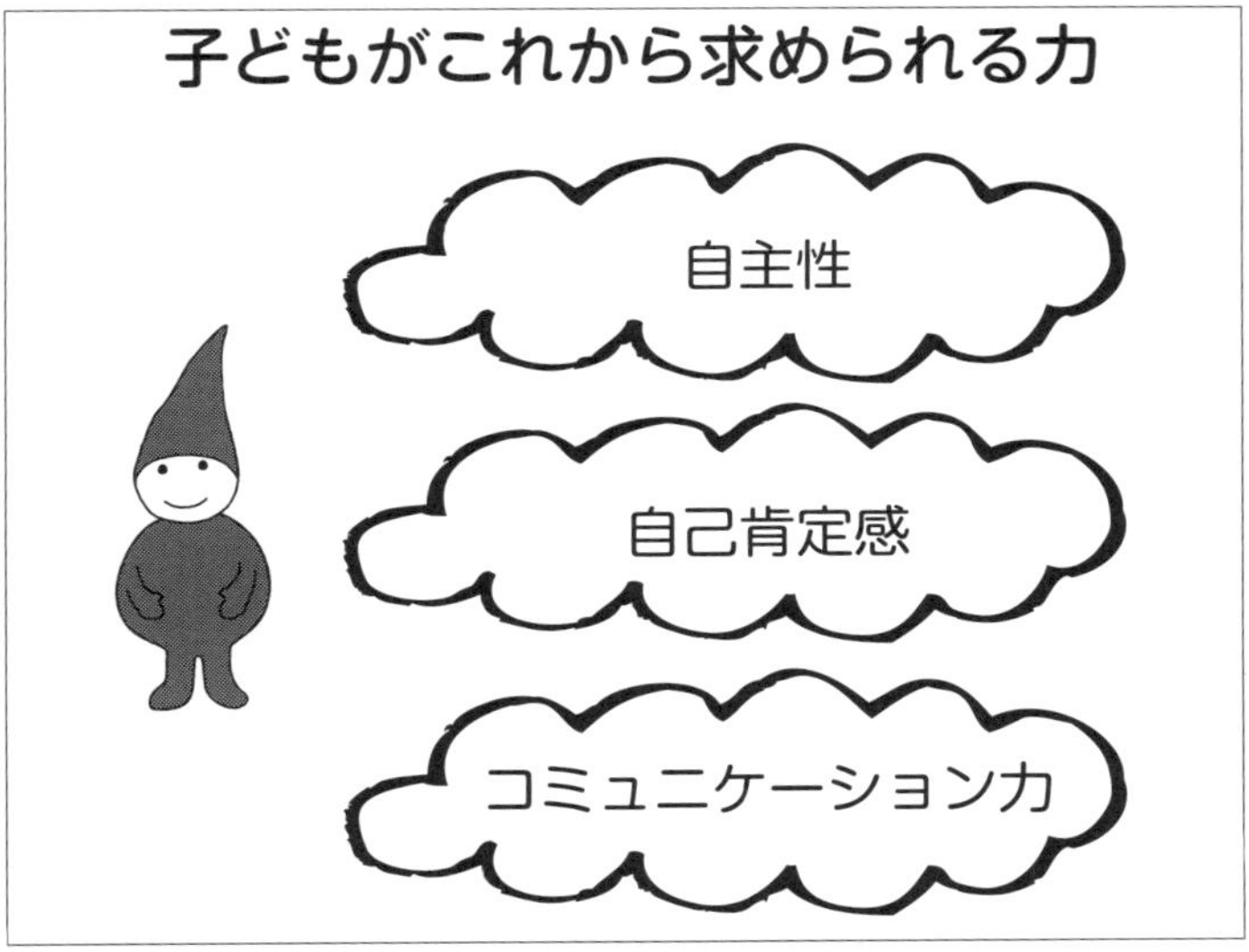

もっといえば、どんなことがあっても安心できる心の基地（安全基地）と失敗しても折れない心（自己肯定感）が備わっていることが必要です。

そんな子どもに育っていくために必要な言葉かけは、「〜しようね」ではなく「どうかな?」と話しかけることです。

日本のある公立小学校の子どもたちとフィンランドの小学校を訪問したときのことです。日本とフィンランドの子ども合わせて50人くらいで森に行き、鬼ごっこをしました。私が注目したのは終わって学校に戻ったときのことです。

こんな場面では、日本の学校なら全員が揃っているか点呼を取る光景が当たり前ですが、この小学校の先生方は、驚いたことに点呼を取りませんでした。もちろん、フィンランドの森にもいろんな危険性が潜んでいますから、もし迷子になっている子どもがいたら大変です。

先生に理由を聞いてみますと、森が恐いのはどうしてかな？　と言葉かけをして、子どもたちが自ら考え、森には危険もあることを納得しているので、どうして大人と一緒に戻ってこなければいけないのかよくわかっているといいます。

日本の場合なら、どうでしょうか。親や学校の先生方は、森の危険性について話してあるし、大人の言うことを聞くほうが安全だから、子どもはとにかく言われたことをやればいいと考えがちです。もし何か起こったら、どうして親の言うこと、先生の言うことを守らないのかと叱るでしょう。

学校では先生から言われたことを守るのが当然で、大人が決めた規則やスローガンが校内によく貼り出されています。

要するに、子どもが自分で考えて理解することよりも、大人の言うとおりにやっていれば間違いないと押し付けているのです。できないと、どうして言われたことができないのと叱ることも多くなりますよね。

子どもの自主性やコミュ力、自己肯定感を育てるには、「〜しようね」ではなく「どうかな？」と言葉かけするほうがいいのです。

やることはとてもシンプル

フィンランドの小学校の授業は、日本に比べてとても静かです。クラスの人数が少ないこともありますが、それよりも発言するときに静かに手を挙げるというルールがしっかり守られているからです。

最初にそのシーンを見たとき、私は驚いて

「どうして静かに手を挙げさせているのですか？」

と、先生に質問しました。先生の説明はこうでした。

「そのほうが私たち教師も落ち着いて授業が進められるし、子どもたちも集中できるでしょ」

たしかにその通りですよね。

日本では、私たちが子どものころは、授業で発言するときは「ハイ！　ハイ！」と大きな声を出して手を挙げるようにと教えられていました。今もそうです。そのように手を挙げる子は、元気でいい子だと思われています。しかし、フィンランドの先生の認識はかなり違っていました。

「発言する子だけが考えを持っている、ということはないですから。発言しなくても考えていればいいのです」

という言葉は目からウロコでした。

子どもたちは、耳の横にぴったりと腕を付けて静かに手を挙げています。その様子を見ていて、どうしたらこのような習慣が身につくのか、先生に聞いてみました。

フィンランドでは、学校に入る前に1年間、義務教育として保育園に通います。そこで、学校の授業になじめるように習慣づけをはじめます。実際にはどのようにしているのか、保育園の先生に聞いてみると、答はとてもシンプルでした。

「何か言いたいときは黙って手を挙げるのよ。そのほうが静かだし、みんながお話しできるチャンスがあるから」

と、子どもにわかるように話すそうです。それができたときは、

「できてる、できてる、それでいいのよ」

と認める。やっていることはそれだけだといいます。それを1年間くり返しているのです。

『ルールを説明する⇩できたら、言葉にして認めてあげる⇩一緒に喜ぶ』

これをくり返すだけです。とてもシンプルですよね。

フィンランドの学校教育は、先生が一人ひとりの成長に合わせて向き合える仕組みになっています。そのため、小学校では学年が変わっても基本的にクラス替えはしません。そのほうが一人ひとりの子どもの成長に合わせて長期的にサポートできるからです。

クラスの人数は25名程度ですが、それでも多いからとクラスを半分に分ける授業もあります。

小学校の視察に一緒に参加した日本の学校の先生が授業の様子を見て驚いていました。

「『聞け！』と言わなくても、子どもたちは聞くんですね」

日本の学校でもそうしてくれたらいいのに、と思いますよね。

このような話を聞いても、日本では
「え〜、フィンランドの子どもだから、じゃないの？」

「子どもは黙っていたらサボるし、言わないとやらないから、何度も言い続けるほうがいい」

と考える人が多いでしょう。

あるいは、フィンランドのような教育はいいと思うけど、日本にはフィンランドのような保育園がないから難しいと思われるかもしれません。

でも、そんなことはありません。

チャプター3でご紹介するフィンランド式コミュニケーションに従って、家庭で親御さんが言葉かけを変えるだけで
「え⁉ うちの子がまさか‼ どうしちゃったの？」

というくらい変化しはじめます。だから、みなさんビックリされます。まるでミラクル！ マジックのようなことが次々と起こってきます。しかも、やることはとてもシンプルです。

子どものためにすぐ動けるのはママたちしかいない

フィンランドでは、子どもたちが学校生活を送るために必要な習慣は家庭でしつけておくのが当たり前になっています。しつけは、パパとママの役割であると考えられているからです。

たとえば、人の話を聞くときはどうして静かにしなければならないのか、親は子どもにその理由をきちんと説明しながら育てます。日本だと「静かに話を聞きなさい」と一方的に命じる親が多いと思いますが、子どもが納得できるまで丁寧に説明をくり返すのです。

お片付けも同じです。「散らかしちゃダメでしょ。お片付けしなさい」と頭ごなしに命じるのではなく、どうしてお片付けをしたほうがいいのか、その理由を、子どもが納得できるまで何度も何度もくり返して説明します。

しかし、これはかなり面倒なことですし、大人自身がその理由を考えていないと説明することもできません。というより、日本では親がいちいち説明しなくても、言われた通りにする子はいい子だと思われがちです。学校でも、先生の言うことを守る子はいい子として評価されます。

しかし、子どもは理由がわからないまま上から押し付けられていると感じます。それでも親や先生に認められようとするとストレスになっていきます。しかも、子どもは心から納得していないので、言われたとおりにできないこともあり、その度に親や先生から叱られます。

これでは、人生を幸せに生きていくために必要な自主性やコミュ力は身についていかないでしょう。しかも、一生に影響する自己肯定感も育まれません。

「どうして散らかしちゃいけないのかな?」と言葉かけをして、子どもが納得できるまで、その理由をくり返し説明する。それを続けているだけで、子どもは自主的に片付けをするようになっていきます。

日本の学校でもそのような教育をしてほしいと思いますが、先生方は多忙で余裕がありません。その間にもわが子の時間はどんどん過ぎていきます。学校でやってくれるのを待っていたら間に合いません。

今すぐにでも子どもに本当に必要な自主性やコミュ力、自己肯定感が身につくように働きかけられるのは、ママたちしかいないのです。

▲子どもが成長するチャンスを奪っていないか

フィンランドでは、子どもが危なそうなことや失敗しそうなことをしても、すぐには取り上げずに自分でやらせることを大事にしています。たとえば、大人のプロが使うような工具は、日本だとケガをしそうだからと使わせないでしょう。しかしフィンランドでは、子どもにしっかりと使い方を教えておけば、自分で使ってみたほうがいいという考え方が強いのです。

ペットボトルの開け方を説明する場合を考えてみましょう。日本では「こうやるのよ」と見せるだけで、あまり細かく教えないでしょう。しかし、それでは子どもには理解できません。

［1］左手でボトルをしっかり握る
［2］右手でキャップのところだけを握る
［3］左手はしっかり力を入れたまま、右手の指に力を入れてキャップを回す
［4］最初に力を入れて回りはじめたら、あとはクルクルと軽く回してはずす

これくらい細かく丁寧にわかりやすく説明し、実際に見せながら伝えます。こぼさ

ないようにするためには、どうしたらいいのかも伝えます。
そして、自分でやってみるように促す。失敗したら、また説明し、やってみるように促す。これをくり返して、できるようになったら任せる。そんな小さな成功体験を増やしてあげることで、子どもは他のことにも自信をもってチャレンジできるようになります。

危険だから、失敗しそうだから、親の手間が増えそうだからと親が先回りして子どもが自分で体験するチャンスを奪ってしまうと、子どもはもっと大切なことを失ってしまいます。子どもが将来幸せに生きていくための土台となる自主性やコミュ力、自己肯定感を身につけるチャンスが失われることになるのです。

今は少し手間がかかっても、「どうしてかな?」と言葉かけをしていると、子どもが自分でできることがどんどん増えていき、結果としてママも楽になります。

親が先回りして「こうやるのよ」と教えてしまうと、子どもが成長するチャンスを奪ってしまうことになりますよ。

すぐにうまくできるか、できないかより大事なことがある

子どもは、面白そうだと関心を持ったことには自主的にチャレンジしようとします。大人から見て「そうしちゃダメ」とか「こうしたほうがいい」と言ってしまいたくなることでもやろうとします。

そんなとき、言われたことが上手にできる子が「いい子」と思っていると、「あんなにいい子だったのに、どうして?」と言いたくなります。子どもも、親の言うことを聞いて「いい子」にしようと思ったのに、そうできない自分を受け入れることができず苦しみます。

すぐにうまくできるか、できないかより、その体験を通して自主性やコミュ力、自己肯定感を身につけることが大事なのです。

今、日本では不登校になる小中高校生が急増しています。原因は、いじめ、学力不足、先生との関係など、さまざまですが、同じことが起きても自分で立ち直れる子とそうでない子がいます。その理由は、自主性やコミュ力がどこまで身についているか、さらに自己肯定感（くじけない心）やママとの安全基地が子どもの心にどれくらい備

わっているかによります。

日ごろ、子どもにこんな言葉をかけていませんか。

命令：「勉強しなさい！」「早くしなさい！」

禁止：「〜はダメ！」

否定：「言ったでしょ？　どうしてやらないの？」

もし、思い当たることがあると気づいたら、ほんとうにラッキーです。今すぐ、言葉かけを変えてみてください。やり方は次のチャプターにあります。

多くのママたちは、うちの子は普通に学校に行けているから大丈夫と信じています。あるいは、中学受験に成功したから大丈夫だと考えています。しかし、学校に行っても行かなくても、受験に成功してもしなくても、そのことは大して問題ではありません。

親が子どもの何を見ているかが大事です。何でも自分からやろうとする自主性が育っているか、周りの人とコミュニケーションする力が備わっているかに目を向けてください。

コラム
フィンランドが国全体で力を入れている起業家精神育成教育

フィンランドでは1980年代から起業家精神を育成する教育に力を入れています。驚くことに、それを就学前からスタートさせているのです。その取り組みは世界的に注目されています。

基本コンセプトは、

「教える教育から学ぶ教育」
「内容よりも方法を重視」
「起業家精神という科目をつくるのではなく、すべての科目にわたって起業家精神的な考え方を導入する」

というものです。

そのための教育内容は外的内容と内的内容に分けられています。

◆外的内容

経営に必要な内容を学び、実際にビジネスをスタートさせ、経営させる

◆内的内容

創造性、勇気、協調性、発想力、我慢強さ、常に学び続ける態度、ものごとを達成するモチベーションなどを学ぶ

実際に中学生が起業し、その内容をプレゼンテーションしている授業を視察しました。フィンランドでは中学生でも法人の口座を開設することができ、高い消費税は免除されるという産学協同の仕組みがあります。

私が視察を重ねている小学校2、3年生の通知表を見ると、起業家精神育成に基づく項目が設定されています。

「人の話を聞く・自分と違う意見を前向きに解決・行儀よくする・自分たちで決めた規則を守る・役割を果たす・友だちと協働するなど」

これは、私たち大人にも重要なソーシャルスキルです。子どもが自分自身で目標を設定し、保護者と担任の教師とともに取り組みます。その体験が、子どもの自主性やコミュ力、自己肯定感を育てることにつながっているのです。

Chapter
3

「早くしなさい！」「ダメでしょ！」を連発するママにおススメ！

子どもとのコミュニケーションが劇的に変わる「ハッピーツリー」

子どもに自分から宿題をしてほしい、言われなくても片付けができるようになってほしい、出かけるときに「早くして！」と言わなくてもいいようになってほしい。どれも親が望むことでしょう。もし、いちいち指示したり、命令したりしなくても子どもが自主的にやってくれたら、どんなに子育てが楽しくなることでしょう。そのためにはじめてほしいのが、フィンランドからヒントを得た子どもへの言葉かけです。ところが、実際にやってみると、結局、以前のように指示したり、命令したりする口調に戻ってしまうというママがけっこうたくさんいます。そこで、日本のママたちが家庭で簡単に言葉かけがしやすいようにアレンジしました。その一つが「ハッピーツリー」です。これは家庭でやると必ず効果が出るフィンランド授業です。

日本では、子どもができていることを認めるより、できないことにばかり目がいき、マイナスの言葉をかけてしまうママたちが多いようですよね。たとえば、小学生の子どもが国語は得意なのに、算数が苦手だと、

「うちの子は算数がダメなのよ」

とママ友に話したりしませんか？　すでにできていることより、やってほしいのにできていないことが気になり、

「どうしてできないのよ」

と言ってしまいます。まずは、できている国語のことをしっかり認めることが大切なのです。

　勉強のことだけではないですよ。すでに日常生活においてできていることはたくさんあります。それがどんなに小さなことであっても当たり前と考えないでください。

「～ができてるね。ママはうれしい！」

と、どんどん認めてあげてください。それを続けているだけで、子どもは不思議なくらいヤル気を見せてくれるようになりますよ。

　こんなお話をしますと、

「でも、何をほめたらいいのか、何を認めたらいいのか、思い浮かばないんです」

というママたちがいます。そんなときにおススメしているのがハッピーツリーです。

ハッピーツリー

ステップ1
「できて当たり前」の眼鏡をはずす

できて当たり前という思い込みがあると、できていないことにばかり目がいってしまいます。そこでハッピーツリーの最初のステップは、「できて当たり前」という眼鏡をはずして、子どもを見つめます。すると、できていることがたくさんあることに気づきます。

たとえば、小学生のお子さんなら、こんなこともあるでしょう。

・学校に毎日行っている
・言葉を話すことができる
・洋服を自分で着られる
・朝、自分で起きられる
・お友だちと楽しく遊べる
・本を読むことができる

・あいさつができる
・字が書ける
・お手伝いができる

どうですか。「そんなこと、できて当たり前でしょ」と思われますか。

ハッピーツリー

ステップ2 「できていることを〝見える化〟する」

次は、できていることを色画用紙に書いて〝見える化〟する作業です。

フィンランドの教室でよく見かける光景があります。それは、子どもたちが自己評価できるように工夫された色画用紙が貼られていることです。

日本の学校の教室には、大人が決めた目標として「元気な子、よい子、やさしい子」などと墨文字で書かれた用紙が貼られていることが多いと思います。フィンランドの場合は、学校の教室にはそもそも、そうした目標型の表示がありません。それは、先生方と保護者が認識していればいいことだからです。

必要なことは、子どもたちが見て楽しみながら意識できるように、色画用紙に書いて表示しています。

ハッピーツリーの次のステップでは、子どもが「できていること」や「楽しいこと」「得意なこと」などを紙に書いて〝見える化〟しますが、このときも色画用紙を使っています。

まず子どもに好きな色画用紙を選んでもらい、それで葉っぱ（子どもが好きな形）をたくさんつくっておきます。そこに、「できていること」や「得意なこと」などを書き込んでいきます。

このとき、**ママが一方的につくるのではなく、子どもを主体にして対話を楽しみながら、子どもが自分で書くようにします。**出来上がったら、ツリーに一枚ずつ貼っていきます。

実際の様子は、こんな感じです。

「○○は小学校に入ってからできていることは、どんなことがあるかなあ？　たとえばね、毎日学校に行ってるよね。それを葉っぱに書いてツリーに貼ってみよう」

と最初はママがリードします。葉っぱに書けたら、それをツリーに貼ります。

次の日は、

「今日はどんなことができた？」

「どんな楽しいことがあった？」

と言葉かけをします。子どもがこんなことあったよと言ったら、それを葉っぱに書いて貼ります。

同じように、毎日くり返して、葉っぱを増やしていきます。

ポイントは、**子どもを主役にすること**です。**子どもが「楽しい！　また、やりたい！」と感じられるようにリードすること**です。そのためには、ママのスマイルも欠かせません。笑顔でお子さんと一緒に楽しんでください。

葉っぱが付いたツリーは、リビングルームなど家族が見えるところに貼っておきます。こうすると、家族が一緒に楽しみながら葉っぱを増やしていくことができます。それによって、いつでも家族が子どもを認めていることが伝わっていきます。

❺子どもの強みやできていることを対話しながら引き出します。
ママ「できていることを葉っぱに書いてたくさん貼っていこうね」
すぐに答えられない場合は、ママが「毎朝、自分で起きていることを書けるね」などとリードします。
ママ「できることが増えていくと夢が叶うよ」
❻ママ「これから、自分でできたことをどんどん葉っぱに書いていこうね」と励ましましょう。

※カレンダーの裏など白い紙にツリーを貼り、家族が目にできるようにリビングルームに貼るといいですね。
毎日できることや子どもの強みが増えていくことを喜び、励ますポジティブな言葉かけをたくさんしましょう。パパにもお話して協力してもらいましょう。

表紙の裏側に
ハッピーツリーの
見本の写真が
ありますので見てく
ださいね。

やってはいけないこと

・全部ママが作ってしまう。ママが葉っぱに書いて貼ってしまう。
⇒子どもの自主性を伸ばすため、自分で自分を認められることが目的なので、ママはサポート役になってくださいね。

・最初だけ一緒に手伝い、あとは子どもに任せて何もしない。
⇒毎日、ツリーに注目し、その日にできたことやよかったことを対話するきっかけにします。できたことを大げさに喜び、ポジティブな表現をどんどん増やしてください。

『ハッピーツリーのつくり方』

用意するもの

茶色の大きいサイズの色画用紙(木の幹用)、子どもが好きな色の画用紙を数種類(葉っぱ用)、ハサミ、ペン、両面テープ

ポイントは子ども主体で作ること

一緒に工作を楽しみましょう。兄弟がいる場合は、一人1つずつ自分のツリーを作ります。

❶茶色の色画用紙でツリーの幹を作ります。

❷色画用紙を好きな葉っぱの形(どんな形でもいいです)に切ります。たくさん用意しておきましょう。

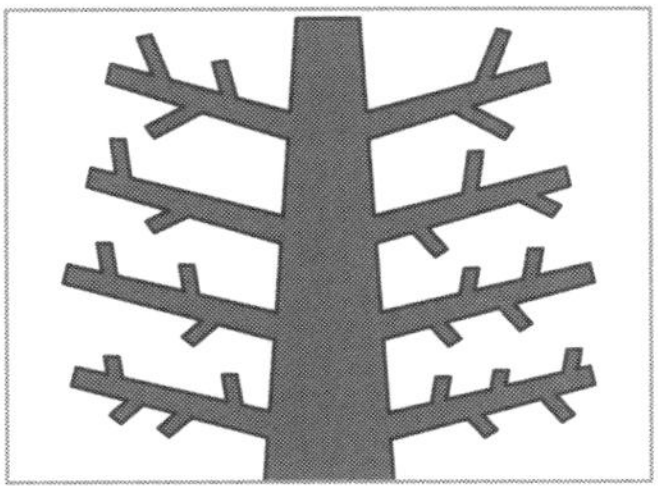

❸葉っぱの裏に両面テープを貼っておくとすぐにツリーに貼れます。

❹ツリーの一番上に子どもがなりたい夢の絵を描いて貼ります。「サッカーせんしゅ」と文字で書いてもいいですね。

ハッピーツリー

ステップ3
「ママが思いっきり喜ぶ」

子どもが約束を守れたり、頼んだことができたりすると、ご褒美として欲しい物をあげたり、お金を渡すママがいます。でも、もっと大切なことは、ママが子どもと一緒に思いっきり喜ぶことです。葉っぱを貼る度にそうしてください。

その体験が子どものなかにママとの安全基地をつくり、自己肯定感を高め、自主性やコミュ力アップにつながっていくのです。

あるママが「私、体育会系なので、松岡修造的に喜びを表現します！」とおっしゃいました。子どもは、そうしたママの非言語表現を全身で感じ取っています。人は言語表現より非言語のほうをより強くキャッチするという研究報告もありますが、子どもとママの場合はもっとそうです。

ですから、ハッピーツリーをつくるときは、ママが思いっきり喜びを表現するようにしてもらっています。こんな感じです。

・笑顔で、大げさにハイタッチする
・「やったね！」「できたね～」と声をかける
・拍手する
・握手する
・ハグする

ハッピーツリーを始めると好転反応が表われることも

ハッピーツリーをはじめると、一時期、子どもに好転反応が表われることがあります。子どもの状況や個性などで違いますが、よくある反応は、突然ママに甘えてきて「一緒に寝よう」とか「一緒にお風呂に入りたい」と言ってきたり、「ハグして」とスキンシップを求めてきたりします。

ママは子どもが自主的に行動しはじめることを期待していたのに、どうして？　と戸惑うかもしれません。しかし、これらは自分でいろんなことにチャレンジしていくための大切なステップとして、ママとの安全基地を再確認しようとしているのです。しっかり受けとめてあげましょう。

かんしゃくを起こしたり、泣き叫んだりという反応が表われることもあります。それだけを見ていると、もっと状態が悪くなったのではないかと慌ててしまうかもしれません。本当は、ようやく自分の気持ちを正直に表現して母親とコミュニケーションをして、しっかり安全基地をつくろうとしているのです。

ハッピーツリーをはじめたからこそ、いろんな反応が出てくることが多いのです。一時の反応だけ見て、びっくりして拒否しないように気をつけましょう。

「大丈夫だよ。ママが味方だからね」のひと言で子どもは安心します。

コラム

小学校に入学して100日通えたらお祝いする

フィンランドのある小学1年生の授業では通学100日達成の記念日を設定していました。その日は何でもいいから100数えられるものを家から持ってくるようにと子どもたちに伝えました。ある子はドングリを100個持ってきていました。パパが韓国に出張したときの100ウォン（韓国通貨）を持ってきている子もいました。

学校では、100という数字を使ってクイズを出したり、工作をしたりして、100日記念日を子どもたちが楽しめる工夫もしていました。

保育園、幼稚園から小学校に入学すると、とたんにみんなと同じことをするように求められます。環境の変化は大人でもストレスになりますが、子どもにはもっと大きなストレスになるでしょう。

小学校に通いはじめて、表面的には楽しそうにしているようでも、じつはうまく言葉にできないだけで、心に不安を抱えながら通っていることが多いのです。しかし、日本の学校では100日を祝うことはありません。

そこで、家庭で100日通えたことを一緒に喜んだり、お祝いしたりしてあげるといいと思います。きっと、子どもの自信につながっていくと思います。

子どもとしっかり向き合う時間を大切にする

「子育てワークショップ」に参加したあるママのお話です。

年が近い弟がいるおねえちゃんが、お腹が痛いと小学校に行かなくなってしまった時期があるそうです。

下に歳の近い弟や妹がいると、どうしても手がかかる下の子にママの気持ちは行きがちです。しかも下の子が病気がちだったりすると、もっとそうなるでしょう。ある程度、歳が離れていれば、上の子は兄や姉として我慢できるでしょうが、歳の差が少ないと寂しい気持ちになりやすいものです。

年齢差とは別に、下の子が男の子だと女の子より手がかかりますよね。この女の子は、小学校に行く前に、お腹が痛いと訴えはじめました。様子を聞いてみると、下の男の子にママの時間がとられていて、その分、上の女の子は我慢することが多かったようです。

そのストレスが溜まっていき、限界点にまで達してしまって「お腹が痛い」と言いはじめたのだと思います。

子どもは普通に過ごしているように見えても、じつは「知らないこと」「わからないこと」「はじめてのこと」などに不安を抱えています。大きくなると、友だちに話したり、趣味に没頭したり、いろいろ発散することができますが、小さな子どもはじっとこらえながら一人でがんばっています。

とくに、他の兄弟にママの手がかかっているときは、そんなママの姿を見て自分だけはママに負担にならないようにしようと、不安な心を抱えたまま精一杯がんばっていることも。

その不安を消してくれるのは、何よりママが自分と向き合ってくれることです。

「ママにとって○○ちゃんは、とっても大切なんだよ。ずーっと○○ちゃんの味方なんだよ」

そんな言葉かけだけで、子どものなかにママとの安全基地がつくられます。

もちろん、愛情があるからこそ、つい厳しく言ってしまうこともあるでしょうが、**ママが味方であることをはっきり伝えることは忘れないでください。**子どもの心の中にママとの安全基地ができると、学校や外で何かあっても頑張れるし、安心してママに話してくれるはずです。

フィンランドの家庭では、親と子どもが一緒にいる時間が大切にされています。しかも、なんとなく一緒にいるのではなく、親子でよく話をします。

コラム 「サンタクロースより小人を大切にするフィンランド的な価値観」

フィンランドは、サンタクロースがいる国です。日本では、サンタさんがプレゼントを持ってきてくれるというストーリーが一般的ですが、フィンランドではサンタさんをサポートする小人たちの存在も大切にされています。

日本では子どもたちにプレゼントを渡すヒーローがサンタクロースですが、そのプレゼントの準備をしている小人たちがサンタクロースを支えていると思われているようです。

それは、どんな仕事も社会には必要なんだというフィンランドの人々の考え方にもつながっているようですし、子どもとしっかり向き合うことを大切にしていることとも関係しているようです。

「認める」ときはママのポジティブな感情を加えることが大事

フィンランドでは、学校現場でも家庭でも、子どもを「ほめる」ことはあまりしな

子どもにポジティブな
「アイメッセージ」を送ることが大事!

いようです。「え? そうなの?」と驚かれますか。じつは、ほめる代わりにしていることがあります。それは、「できていることを受け入れる」つまり「認める」ことです。

大人が子どもをほめるということは、どこか上から目線です。ですから、子どもの自主性を徹底的に重視するフィンランドの学校教育や子育てでは、子どもをほめることはしないのだと思います。その代わりに、子どもが自主的にできていることはしっかり言葉にして認めます。そのほうが、子どもの自主性を育てることができるからです。

子どもを認める言葉かけをするとき、ママにおススメしていることがあります。必ずママのポジティブな感情を加えることです。「〜

してくれてママは嬉しい」「ママ、とっても助かったよ」というふうに、「**私＝Iがどう感じたか**」を言葉にして伝えることを「**アイメッセージ**」といいます。そうすることで、子どもは自分が認められていると感じやすくなります。

たとえば食事をしたあと、子どもが片付けをしたら「○○ちゃん、すごい！　片付けしてくれたの？」ではなく、「○○ちゃん、片付けをしてくれると、ママは嬉しいわ。なぜかっていうとね、テーブルがすっきりすると気持ちよくなるでしょう」と、ママのプラスの感情を加えます。ママが大好きな子どもは嬉しくなって「またやるね」と話しかけてくるでしょう。

子どもの話を共感的に聞く

「みなさんは、お子さんの話を聞いているでしょうか」

ママたちにこんな質問をしますと、多くのママたちは

「できるだけ聞くようにしています」

と答えます。

「では、共感的に聞いていますか?」

と質問をしますと、あやしくなってきます。

子どもの自主性を重視する教育を行なっているフィンランドでも、調査をしてみると、子どもたちからは自分のことを聞いてもらえてないという反応は出てくるそうです。まして、学校、塾、習い事などと忙しい毎日を送っている日本の子どもたちは、もっと聞いてもらえていないと感じていると思います。自分のことを本当には受け入れてもらえていないという感覚を抱えているのです。

それでも「わが家は、けっこう聞いていると思うけど」というママたちは多いのです。ところが実際は、何かをしながら子どもの話を聞いていないでしょうか。そうではなく、しっかり時間をとって子どもと向き合い、共感しながら話を聞いてみてください。

兄弟、姉妹がいる場合は、必ず1対1の時間をつくります。それだけで、子どもは自分を受け入れてもらえているという安心感を持てます。

ここで共感しながら聞くことをもう少し具体的にお話しします。子どもが何を言っても、否定しない、途中で話の腰を折らない、詰問しないで聞くということです。「へ〜」「そっかあ」「ふーん」などと少し大げさなくらいでいいので、しっかり相づちを打ちながら聞いてみてください。表にあるような聞き方も活用してみてください。

1　子どもの話をリピートする

子ども：「今日、○○ちゃんと遊んでたらね」
ママ：「へ〜、○○ちゃんと遊んだのね」

2　子どもの話を別の表現で伝えてみる

子ども：「〜しようって言ったんだよ」
ママ：「それは、こういうことなのかな？」

3　深掘りする質問をしてみる

子どもがイエス、ノーで答える質問（クローズドクエスチョン）ではなく、5W1Hで答えるような質問（オープニングクエスチョン）をする。
5W1H：いつ？　誰と？　どこで？　どうやって？　何を？　どんなふうに？

これならできそうだと思われますか。たしかにそれほど難しいことではないのですが、ママたちが実際にやってみると意外にできていないことが多いのです。こんな落とし穴があるからです。

大人の社会でも、自分の話を共感しながら聞いてくれていると感じたら、それだけでも相手との信頼関係が向上します。ところが母子関係では、その当たり前のことが意外に抜け落ちやすいのです。

わが子を愛しているのは当たり前だし、わが子のことは理解できる。だから、気持ちに共感できているし、そこそこ信頼関係はできていると思っています。そこに落とし穴があるのです。

わが子を愛情深く思っているのは当然だし、子どもにもそこそこ伝わっているでしょう。しかし子どものほうはそれほど自分に共感してくれているとは思っていないことが多いのです。そのことが子どもの一生に影響することは、心理学などの研究でもわかっています。

親は自分のことに共感してくれない、受け入れてくれない、ママにもっと注目してほしいと子どもが感じていると、行動が落ち着かなくなったり、表情が乏しくなったり、自分が思っていることを言えなくなったりします。

こんなことが起こらないようにするには、とくに10歳ころは子どもの気持ちに共感しながら聞く親の姿勢がとても大事です。

やることを一緒に決めて、できたら一緒に喜ぶ

子どもが集団で生活する準備として、家庭でマナーやルールを覚えていくことはとても大切です。そのために親が「〜しなさい」と指示したり、命令したりする場面が多くなります。そして親から言われたことができないと、「どうして言われたことができないの」と叱ってしまいます。それが、子どもの自主性やコミュ力、自己肯定感が育つのを妨げてしまうのです。

私がおススメしているのは、**子どもが何をやるか、親子で一緒に楽しみながら決めて、できたことはしっかり言葉にして認める方法**です。

子どもと一緒に決めたことはノートに書き、できたらシールを貼っていきます。ハッピーツリーの場合と同じく〝見える化〟していくのです。

用意するものは、子どもが好きなデザインのノートとシール。

子どもがやることを決めるためのお話タイムは「いつがいいかな？」と言葉かけをします。親が一方的に決めないようにします。できるだけ子どもの意見を引きだすように言葉をかけてください。

たとえば、こんな感じです。

「毎日ママは叱りたくないから、○○が自分でルールを決めて、どんどんできるようにお手伝いするね。一緒にミーティングをしたいんだけど、いつがいい？　今日はどう？」

子どもは大人が使っている言葉を使うことを喜びます。ミーティング、会議などの単語を使ってみてください。目がキラッとしたらチャンスです。

いつにするか決まったら次は、毎日やることについて話し合います。たとえば、こんな感じです。

ママ：「毎日やっていること、やらないといけないことをノートに書こうね。どんなことがあると思う？　たとえば、朝は自分で起きること、歯磨き、朝ごはん、着替えがあるよね。他に何があるかな？」
○○：「出かける用意もするよ」
ママ：「そうね、そうね。そしたらここに書こう。学校から帰ったら何をするの？」
○○：「宿題をしたり、遊びに出かけたり、明日の用意したり」
決まったことはノートに箇条書き（TO DO LIST）にします。
ママ：「できたところにはシールを貼ってね。シールを貼ったらママに見せてね」

できたことは、「すごい！」とほめる必要はありません。大切なことは、誰よりもママが喜ぶことです。大げさなくらい喜ぶことです。女優になったつもりで演じてみてください。こんな感じです。

「やった！　できたね！」

「他にもできることがありそうね。ママも楽しみでワクワクしちゃう」

「大人になってからも、ズーッと役に立つことなんだよ。ママも安心だわ〜」

ママの言葉かけが感情表現のベースになっていく

フィンランドでは、まだ言葉が出ない赤ちゃん期からスキンシップはもちろん、絶えず言葉かけをします。発達心理学や児童精神科学の研究によって、母親が愛情たっぷりで思いやりのあるスキンシップと言葉かけをすることが、ママとの安全基地をつくり、自己肯定感を高め、感情をコントロールする力を育てるとわかっています。

母親と子どもとの間に心の絆がつくられることを専門的には「愛着形成」といいます。これがうまくいかないと、子どもは自分に対して違和感を抱くようになったり、自主性やコミュ力が身につかなかったりします。

ヘルシンキの街中では、ベビーカーの赤ちゃんに独り言のようにずっと話しかけているママの姿をよく見かけます。

泣いていたら抱っこしてあげる。欲しがったらミルクを与えるというのはよくある子育ての光景ですが、子どもに言葉かけをすることも大切です。

子どもの感情を予測して、代わりに言葉にしてあげるように言葉かけをします。泣いていたら「よしよし、寂しかったね〜。大丈夫よ」と、落ち着いたら「心のお腹が

ハッピーサイクル

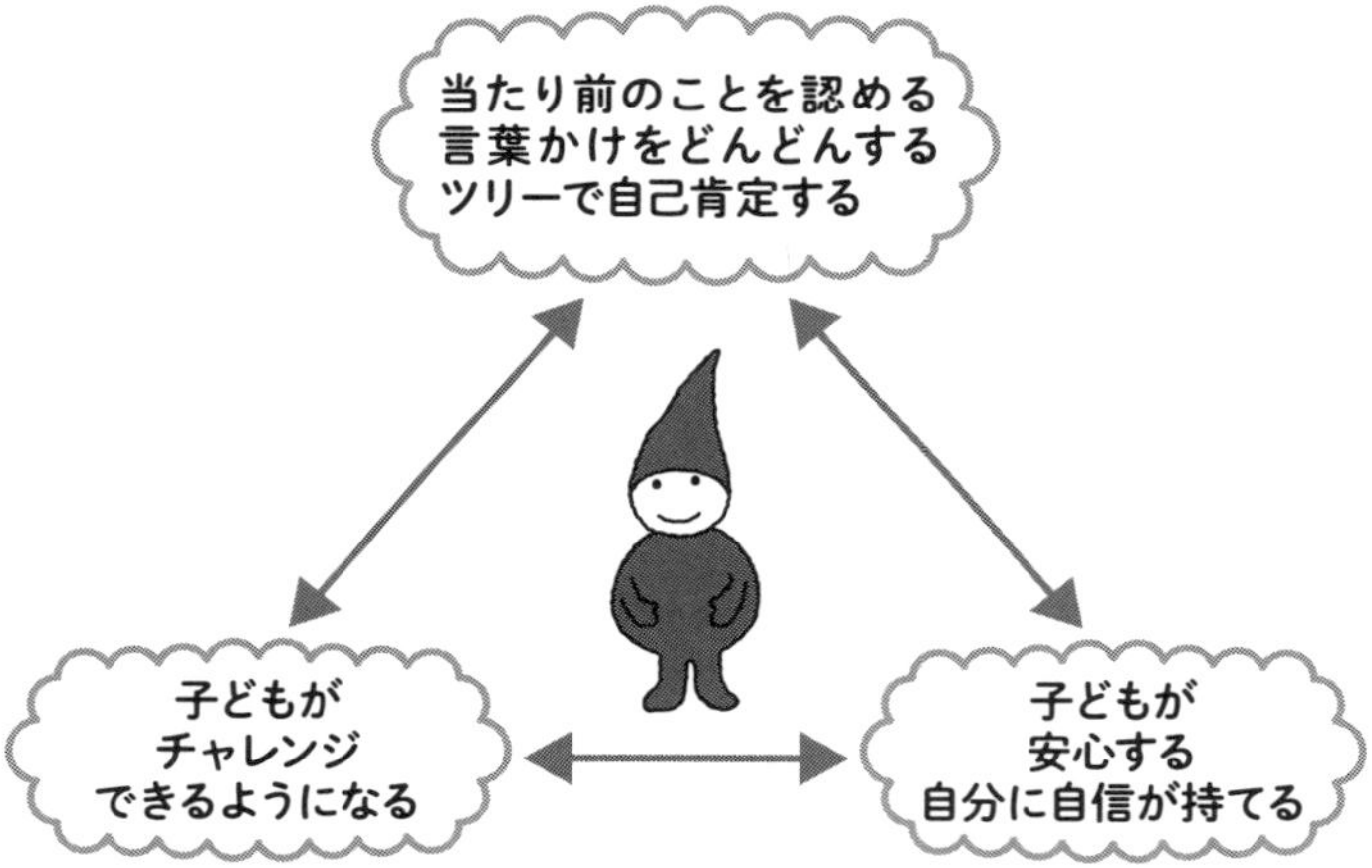
当たり前のことを認める
言葉かけをどんどんする
ツリーで自己肯定する
子どもが
チャレンジ
できるようになる
子どもが
安心する
自分に自信が持てる

いっぱいになって嬉しいね〜」と言葉にしてあげます。

そうすると、子どもの心は安心しますし、しだいに自分の感情を言葉に置き換えることができるようになっていきます。そうして自分の感情を表現でき、それを受けとめてもらえると、ママとの安全基地がつくられ、自己肯定感が高められていきます。その上で子どもの自主性やコミュ力はグングン育っていきます。

このことは、発達障害が疑われた場合でも同じです。学校の先生に「お子さんは発達障害の可能性があります。検査をしたほうがいいですよ」と言われてショックを受け、相談に来られるママが増えています。

しかし、脳の発達に問題がある場合を除いて、親とのコミュニケーションを振り返ってみたほうがいいと思います。

人の話をじっと聞けない、自分勝手な行動が目立つと発達障害が疑われることがありますが、まずは子どもへの言葉かけを変えることからはじめてみてください。子どもとのコミュニケーションがうまくできる（ママのハッピーサイクルが生まれる）と、きっと子どもが変化してきますよ。

ママが「私は私の人生を生きよう」と決めると子どもの未来は変わる

子育て中のママのサポートをしていますと、「母が私より兄のことばかり可愛がっていたので、わが子への言葉かけがうまくできません」とか「両親があまり会話をするタイプではなく、いつも家ではテレビの音しか聞こえていませんでした」というママがいます。

たしかに、ママ自身が母親とどのようなコミュニケーションをして育ったか、どんな言葉かけをしてもらったかが、わが子との関わり方にも影響します。男性経営者や企業役員のコーチングをしている方の話では、ビジネス上の悩みにも幼少期の母親との関係が深く影響しているといいます。

ですから子育てで壁にぶつかったときも、母親との関係を振り返ってみることが必要なのです。母親からどんな影響を受けてきたのか、母親との関係はどうだったのか、母親はどんな時代を生きていたのか、夫である父親とはどんな関係だったのか。それらを客観的に見つめてみてください。

もちろん過去は変えられませんから、「そうだったんだ。原因はそこにあるんだ」と事実だけを認めればいいのです。それができると、わが子との関係が必ず変わってきますよ。

実際の方法としては、過去を振り返って見えてきたことを紙に箇条書きにしていきます。たとえば、こんなことが出てくるかもしれません。

・兄弟ばかり可愛がっていた　・無視された
・両親がケンカしているシーンを思い出す　・ハグしてくれなかった
・離婚して母親が大変そうだった　・母が強く希望する学校に行かされた

いろんなことが出てくるでしょうが、一通り書きだしたと思えたら、最後に「私は私を生きる！」と書きます。過去は過去、変えられるのは未来です。自分は自分の人生を生きようと心に決めると、わが子に向かう気持ちも必ず変わってきますよ。

ママの仕事経験が子育てにはマイナスになることも

ファイナンシャルプランナーとして働いているママから相談を受けました。お金を合理的、効率的に運用する指導をしていますが、子育ても合理的、効率的にやるのがいいと思ってしまいます。たとえば勉強のことは、「先に宿題をしてから遊びに行ったほうがゆっくり遊べるでしょ」と言い聞かせていました。ところが子どもは、遊んでからやったほうが宿題に集中できると言って、ママの言うことを聞こうとしません。「やっぱり昼間のうちに勉強したほうが集中できるでしょ。そして、夜は早めに寝たほうがいいでしょ」と言っても、昼間より夜のほうが集中できると言い返して遊びに出かけてしまうというのです。

私が長年従事した客室乗務員の仕事ならば、時間と優先順位を常に考えますし、接客業なので周りに気を使うことは当たり前のことです。それを子育てに当てはめると、子どもにもそのようにしてほしくなり、ついあれこれと口を出してしまいます。

ママが学校の先生の場合は、「先生なのに」という周りの視線を気にしすぎると、わが子にも先生の子らしくしてほしくなります。

仕事でどんなに素晴らしい経験を積んできたとしても、その生き方を子どもに押し付けていると、子どもの自主性やコミュ力、自己肯定感が育つのを妨げているかもしれませんよ。ふだん、子どもにどんな言葉かけをしているか振り返ってみてください。「どうして言われたことができないの？」「早くしなさい」「それじゃダメでしょ」……を連発していませんか。

コラム　ママがイライラしない、子どもを責めないフィンランド式しつけ方

フィンランドでは「ミクシ？（どうしてだと思う？）」という言葉を学校や家庭でよく使うことは、すでに述べました。ところが、日本のママたちにこのことをお話ししても、うまく伝わらないことがあります。

日本では多くの場合、「なぜ？」という言葉は叱るときによく使われます。たと

えば、私がバスに乗っていたときのことです。小学生低学年の男の子とお母さんが私のすぐ後ろの席に座ってお話をしていました。

男の子は落ち着いて座っていられず、前の席の背をけったり叩いたりしはじめました。お母さんは、このように叱りました。

「なぜ、そんなことをするの？　やめなさい！」

この場合の「なぜ？」は、子どもを注意するために使っています。

「なぜ、忘れ物したの？」

「なぜ、宿題しないの？」

「なぜ、そんな点数なの？」

どれも、自分の思い通りの結果を出してくれない子どもを責める言い方です。

先ほどのバスの例でいえば、こんなふうに子どもに言葉をかけてみたらいかがでしょうか。

まず、蹴ってしまった前の席の人にお詫びの言葉を伝えます。そして、子どもにあやまらなくてはならない理由を伝えてください。

「前の席をけったら、座っている人がビックリしてしまうよね。だから、ママが

○○くんの代わりにごめんなさいと言ったのよ」

そして、その場で○○くんにどうして蹴ったのかを聞いてください。そのとき使う「なぜかな?」が、フィンランドで使われる「ミクシ?」なのです。

たぶん、その男の子は「早くうちに帰りたかったから」とか「ゲームをやりたかったから」などと、子どもなりにいろいろと訴えてくるでしょう。それを認めたうえで、でも、なぜやってはいけないことなのか、子どもにわかるように説明することがとても大切です。

単に「ダメ!」と言うだけではなく、なぜダメなのか、その理由を子どもにも理解できるように丁寧に伝えます。1回で納得できないようだったら、あきらめずに何度も何度も丁寧に説明する。そのための手間を省かないでください。

そのときは面倒だと思うかもしれませんが、子どもは素直なので、一度納得すれば二度としなくなります。いつもママの言うことを聞く〝いい子〟でなくても、ちょっと長い目で見たら、そのほうが子どもの自主性は育っていきますし、ママの手間もかからなくなるでしょう。

Chapter
4

こんなときはどんな言葉かけがいいの？

★宿題がはかどらない子どもを見ていてイライラする

「子育て講座」を受講されたママのお子さんは小学4年生の男の子です。

毎日学校から帰ると大好きな工作を後回しにして、先に宿題にとりかかるガンバリ屋さんでした。でも、宿題にやけに時間がかかってしまう。それがママにはストレスで、早く片付けて遊べるようになってほしいと思っていました。でも、どうしてあげるのがいいのかわからなかったそうです。

「子育て講座」で、子どもによっていろいろな成長のパターンがあっていいんだとわかり、こんなふうに言葉をかけました。

「今日は、ママも勉強してきたんだけどね。先に思い切り遊んでから、時間を決めて宿題をするといいみたいよ」

するとその男の子は「ええ、そっかあ」と納得したようで、先に工作を楽しみ、それから宿題をするようになりました。宿題がとてもスムーズにできるようになったそうです。

このママはそれまで、宿題は学校から帰ったらすぐにやったほうがいいと思い、お子さんにいつもそう言い聞かせていました。ママが大好きな男の子も、何とかママの願いに応えようと宿題に取り組んでいたけれど、納得できてやっていたわけではなかったのです。これでは、いくら宿題を頑張っていても、自己肯定感は高まっていきませんし、自主性は育っていきません。ママとうまく対話できないのでコミュ力も育っていきません。

子どもによって個性はいろいろ。ママが宿題を先にやるのがいいと思うなら、まず**「こうやって宿題をするのって、どうかな？」**と言葉をかけてください。そして、先にやったほうがいいと思っている理由を子どもが納得できるまでくり返し話してください。

塾や習い事で毎日がバタバタ

塾や習い事が多くて忙しく、毎日がバタバタしていませんか。

私（著者）のオフィスの近所にバレエ教室があって、白いタイツをはいてヘアスタイルをきりっとシニヨンにまとめたキュートな女の子たちが通って来るのをよく見かけます。

フィンランドにも習い事はあります。男の子はサッカーや本場のアイスホッケーが人気。女の子はバレエやピアノなどを習っています。

ただ日本のように毎日、塾や習い事に追われて、親子で過ごす時間が足りないということはないようです。学習塾はありませんし、習い事は、せいぜい週に1〜2回程度なので、日本の子どもたちのように、毎日追われるようなことはないでしょう。

ママたちに、なぜそんなに塾や習い事が多いのか聞いてみると、「本人がやりたいと言うから」という答が返ってきます。でも、子どもが「やりたい」と言うのは、じつはママが喜んでくれるからなのです。

たとえば、ピアノを習ってほしいなあ、周りの子どもたちが習字を習っているからうちの子もどうかなあとママが思っているとします。そうしたことを何となく言葉や態度に出しているかもしれません。

すると、子どもは察知して、ママが願っているなら「それ、やりたい！」と言い出します。そうすれば、ママが喜ぶと思うからです。ママの笑顔を見たいからです。そうやって、バレエやサッカー、塾にも通い始めます。

ところが、自分から自主的に始めたことではないので、やっているうちに、自分がいったい何が好きなのかわからなくなってくることも。学校にも行きたくなくなったり、すべてを拒否したり、ひきこもりやうつ状態になったりすることも起こってきます。

塾や習い事に限らず、子どもは子どもなりにけっこう親に気を使っているのです。ですから、子どもが本当に自分から興味を持っているのか、楽しめているのかを見分ける必要があります。

最近、瞑想が流行っています。あまりに多忙で余裕が無くなった脳に空きスペースをつくるのにいいのだと思います。子どもには瞑想は難しいでしょうが、ブロックやパズル、絵を描くことなどに夢中になっているときは瞑想状態に入っているようなもの。それによって脳に空きスペースをつくっているのだと思います。脳の発達には、この空きスペースがとても大切です。

私たち日本人は、とにかく真面目で、入ってくる情報にもいちいち反応してしまいがちです。とくに子どもたちは、大人と違って自己判断力が弱いので、大人以上にいろんな情報に踊らされやすいのです。そんな子どもの脳に空きスペースをつくっておくことは大人以上に大切なことです。

子どもが何に興味を持っているか、何が得意か、何をしているときがいちばん目が輝いているか、よく見てあげて、集中できる時間をつくってあげてください。

ある小学3年生の男の子は毎日習い事がびっしりで、一日二つある日もあるほど忙しくしていました。ママもバタバタの毎日で、このままでいいのか不安になり「子育て講座」に参加されました。

まず、お子さんに「全部続けるのは大変でしょ。楽しくない習い事はどれ？」と言葉かけをしてもらいました。すると、ママがやってほしい英語教室が楽しくないと訴えてきたそうです。

最初は楽しそうだと言って通っていたようですが、どうも合わないみたいでした。そのまま通わせて英語そのものが嫌いになってしまう前に、いったん英語の塾は中断することにしました。英語は早くから習わせなくても大丈夫なのです。

習い事は、指導者から教えられたことをやるのが基本です。子どもが自分から関心を持っていればそれでいいでしょうが、そうでないなら立ち止まって考え直したほうがいいと思います。

フィンランドでは、小学生の間はできるだけ自由に遊ばせたり、自分で自由に工夫できることをやらせたりしています。そのほうが、自主性が育ちますし、発想力や運動能力を育てることにもつながるからです。

周りの子どもがやっているのに、わが子がやっていないと不安になります。それで、塾や習い事に子育てをお任せしてしまいがちですが、一度子どもに「**やっていて楽しいかな？**」と言葉かけをしてみてください。今やっていることが子どもの自主性やコミュ力を育てることにつながっているか。そのことを見逃さないでください。

子どものためだと思うと、つい厳しくやらせてしまう

小1のさとるくんのママは、幼稚園受験をさせた経験があり、子育てに関する本を300冊近く読んだとおっしゃるほど教育熱心な方です。

勉強はとにかくコツコツとやらないと成績は伸びないと考えていて、子どもには泣

きながらでも1時間、ドリルをやらせてきました。ところが、子どもは学校に行くのをいやがります。心配になって「子育て講座」に参加されました。

いくら厳しく言ってやらせても、思うように子どもはやってくれませんし、かえって子どもの一生に悪影響を与えているかもしれないと気づかれたのです。

これまでは「どうして言ったようにできないの」「それじゃダメでしょ」と言うことが多かったけれど、今やっていることについて「どうかな?」と言葉かけをしてみました。すると男の子は、「自分で決めていいの?」「自分で決めていいんだよね」とママに聞いてきました。それからはママに自分の考えていることを話してくるようになり、言われなくても自分からいろんなことに取り組むようになったといいます。

ママは笑顔で、こんなふうに言います。

「1時間泣きながらやらせるより、子どもが自主的にやると楽しそうだし、能力が伸びますよね」

そうですね。楽しくない勉強はコピペ教育と同じですよね。

うちの子は一日中ユーチューブを見ていて心配

小学2年のさおりちゃんは、ママのスマホでユーチューブを見ることを覚えてしまい、気がつくと長時間見ています。どうしたらいいでしょうかと、ママから相談を受けました。

今、私たちの生活にはデジタル機器が急激に増えています。ベビーカーに乗った小さい子どもがスマホやタブレットを与えられているシーンを目にすることもありますが、要注意です。

デジタル機器が発する電磁波は脳の発達に悪影響を与えることがわかっています。WHO（世界保健機関）は、デジタルゲームをやり続けると依存症になるリスクがあると警告しています。ゲームに限らずデジタルには、一度はまってしまうと離れられなくなってしまう中毒性があるのです。フィンランドでも、デジタルゲームの影響で、とくに男の子の読書量が減っていることが問題になっています。

ゲームに限りませんが、子どもがやっていることに不安を感じると、親は「それはダメ」と指示したり、命令したくなります。それで、さおりちゃんのママにはこんな提案をしました。

「ずっとユーチューブをしているとね、さおりちゃんの頭の中にある脳みそが増えていかなくなっちゃうんだって。脳みそは今、いちばん増えているんだよ。増えなくなっちゃうと困るよね～」と、人体図鑑を見せながら言葉かけをしていただきました。丁寧に話しかけていると、さおりちゃんは納得できたようです。自分から、時間を決めてユーチューブを見ると言いだしたそうです。

ユーチューブを見る、見ないが問題なのではありません。「どうかな?」と言葉かけをする。ママの考えを丁寧に説明する。それをくり返しながら、さおりちゃんの自主性やコミュ力を育てていくことが大切なのです。

もう一つ、アドバイスです。子どもといるときは、スマホより子どもの顔を見て話しましょう。

「学校に行きたくない」と言い出した

パパの転勤で幼稚園の友だちと離れてしまった愛ちゃんは、小学1年生になったある日、学校に行きたくないと言い出しました。幼稚園のときは元気に外で遊ぶ子だったのに、小学校に入ると誰も知っている子がいないからか、ポツンと一人で折り紙をしているようでした。心配した担任の先生が様子を知らせてくれました。

ママも、引っ越しの疲れや、慣れない土地での生活で不安を抱えていて、落ち着かないようでした。

小学校での生活は、ある程度自由にできた保育園や幼稚園とはかなり違います。きちんと座っていなくてはいけないし、いちいち自分のことを先生に聞いてもらうこともできません。愛ちゃんも一人で不安やストレスを抱えきれなくなったのでしょう、突然「学校に行きたくない」と言い出しました。

そのことにびっくりしたママは、とても不安になって相談に来られました。まず、ママ自身の状態や不安に思っていることをじっくり話していただきました。気持ちが落ち着かれたようで、その日はそのまま帰られました。

それだけなのに、愛ちゃんに変化が現われたというのです。

「びっくりしました。自宅に5人もお友だちを連れてきたんです」

ママの心が安定すると、それが子どもにも以心伝心します。

その後、愛ちゃんと一緒にハッピーツリーをつくっていただきました。普通に学校に行けていること、お友だちと楽しく遊べていることをママが認めてくれている、喜んでくれていると感じられた愛ちゃんは学校生活に自主的に取り組むようになり、楽しそうに通っているそうです。

コラム

ママの心理状態は子どもにシンクロする

私が客室乗務員をしていたとき、よくこんな体験をしました。

ママたちが小さな子どもと一緒に飛行機に乗るとき、子どもに泣かれると困ってしまいます。それで、ドキドキしながら緊張して乗っています。とくに周りの席にビジネスマンが多いときは、迷惑をかけちゃいけない、ともっと緊張するようです。その緊張を少しでも和らげていただこうと思い、私は周りの方にいつもより多く声をかけるようにしていました。

といっても、お子さん連れのママがいるのでよろしくみたいなお話をするわけではありません。ご利用いただいたお礼を伝えたり、さりげない話をしたりして、雰囲気を和らげるようにしていたのです。

お子さん連れのママには、「大丈夫ですからね、何かあったらいつでも声をかけてください」と小さな声でお伝えしました。

そうしてママに安心していただけるようにすると、赤ちゃんが泣くことが少なくなります。こんな体験からも、ママの心理状態は子どもに驚くほどシンクロしていることがわかります。

娘がおしゃべりすぎて他の子に嫌われるのではないかと心配

女の子は言葉の発達が早く、大人びた言葉づかいにびっくりすることもありますよね。小学校低学年のころはそれでも何とかなりますが、学年が上がってくると、自分のことばかり話すのではなく、相手の話を聞くチカラも必要になってきます。

うちの子は自分のことばかりおしゃべりしていて相手の話を聞かないので、友だちから嫌われるのではないかと心配するママの相談を受けることがあります。

そんなときおススメしているゲームがあります。お子さんの好きなぬいぐるみなどをマイク代わりにして、「マイクを持った人が話す人、持っていない人は話を聞く人だよ」とルールを決めます。

ママ：「このぬいぐるみがマイクの代わりね。マイクを持ったらお話しします。持っていない人はお話を聞きます。○○ちゃん、わかった？　じゃあ質問します。マイクを持っている人は何をする人でしょうか？」

子ども：「お話しする人」

ママ：「そうそう、当たり！　その通り。では、持っていない人は？」

子ども：「話を聞く人」

そんなふうに言葉かけをします。それから、ぬいぐるみのマイクを使ってママと交代でお話ししようねと言って、ゲーム感覚で話す人と聞く人の体験をします。こうすると、楽しみながら聞くことも覚えられます。

うまくできたときは、「お話ができたね！」「お話を聞くことができたね！」とママが思いっきり喜びます。

こうしていると、自分のことばかり話す時間が少なくなり、聞くことができるようになっていきます。

コラム

子どもが好きなことを利用して苦手なことにもトライする

小3の理奈ちゃんは、野菜が嫌いです。同居している祖父母からも食べないとダメ、食べないとお菓子をあげないよと言われることもあります。そんなときの夕食は雰囲気が暗くなります。

子どもによって違いますが、苦手なこと、嫌いなことは必ずあります。それに対して、親から「何でもいいからやりなさい」と言われると、ますますやりたくなくなります。

そういうときは、子どもが好きなことを利用して苦手なこと、嫌なことを乗り越えるスイッチを押してあげましょう。

理奈ちゃんの場合は、お菓子づくりが大好きです。型押しのクッキーづくりをママと一緒にするのも大好きです。そこで理奈ちゃんのママは、「一緒にお子さまランチを作ろう」と言葉かけをして、野菜をお菓子風に可愛く型抜きすることにしました。

理奈ちゃんは楽しそうに手伝ってくれました。もちろん、型抜きした野菜が入った料理も食べるようになりました。

何でも自分でできないといけないと、まじめに思ってしまうのが、日本人ママの特徴です。何品もおかずを作らないといけないと思うと、食事づくりに時間がかかって子どもと関わる時間は少なくなってしまいます。ワンプレートディッシュにして食事づくりの時間を短縮し、子どもとの時間を優先しようと決めてください。

そうすることでできなくなったことは、別の方法で何とかしようと、ポジティブにあきらめるのです。それは、フィンランド人の生き方のひとつでもあります。

Chapter 5

まずママがハッピーになる

「子どもを信じて見守る」の落とし穴

子育ては、ママが自分と向き合うことでもあります。子どもは、まるでママの鏡のようですよね。ですから、自分が嫌だなと思っていることを子どもがすると腹が立ってイライラします。それは、世界どこの親でも同じでしょうが、子どもとの距離感によって、ママの対応は微妙に違ってきます。

たとえばフィンランドのママたちの話を聞いていると、自分は自分、子どもは子どもという感覚が日本よりはっきりしているなと感じさせられます。もちろん、わが子を何より大切に思う気持ちは日本のママと同じでしょうが、子どもはいずれ自立していく存在であり、それをサポートするのが親の役割であるという考えが強いのです。

そのため、「子どもだから、これぐらいいいだろう」と甘やかしたり、やりたい放題にさせたりすることはありません。小さいときから、子どもが納得できるまで何度もくり返して大人のルールを言葉で伝えます。

日本のママの感覚で考えると、小さな子にそんなこと言ってもわからないし、「子どもを信じていればいい」となります。でも、それには大切な前提があります。普段から、しっかりと子どもと向き合い、子どもの自主性を育てるような関わり方をしていることです。

子どもを信じるということは、その自主性を信じるということです。それができていないと、信じて見守っているはずが、何もせずに好きにさせているだけという落とし穴にはまっているかもしれませんよ。

バリバリ仕事をしていた女性ほど産後に落ち込みやすい

ある女性がこんな話をしてくれたことがあります。

「仕事でそれなりに成果を上げてきた私は、出産にもスムーズに対処できると思っていました。ところが産後、体調を崩してしまい、気持ちがひどく落ち込みました。そのことを誰にも相談できない日々が続き、何も食べられなくなりました。体重もかなり減ってしまいました」

ご主人にもまったく相談しなかったそうです。「仕事を辞めてお金を稼いでいないのだから、自分のことは自分でなんとかしなくてはいけない」と思っていたというのです。ご自身のお母さんに話しても、「子育てはそんなものよ」と親身に耳を傾けてはくれませんでした。

言葉を話せないわが子と向き合う日々はママにとって予想以上にストレスフルです。子育ては誰からも評価されず、やって当たり前と思われがち。しかも、はじめての子育ては迷うことが多く、スマホでいろいろ調べてみても情報が多すぎて、かえって不安が膨らんでしまうことも。

とくにバリバリ仕事をしてきた女性ほど落ち込みやすいようです。多少のストレスには耐えられると思っていたのに、出産、子育てのストレスはその何十倍も大きいのです。仕事のようにマニュアルどおりにやればうまくいくわけでもありません。たとえうまくできていると思っても、お金という対価が得られたり、評価されたりするわけでもありません。

子育ては、仕事でやっていたように子どもに指示したり、命令したりしてもうまくはいきません。もし、このままじゃいけないと思ったら、子どもにどんな言葉かけをしているか振り返ってみてください。

できていることを認めるより、できていないことにばかり目がいき、「～しなさい」

「～してはダメ」「どうしてできないの？」という言葉かけが多くなっていませんか。

子どもと時間をかけて向き合い、「～はどうかな？」と言葉かけをしてみてください。そこから子どもとのコミュニケーションがはじまります。子どもにやってほしいことは、その理由を子どもが納得できるまで丁寧にくり返し説明してください。

子どもが育つことは、日本社会にとっても大きな力になります。子育ては、そんな素晴らしいことにチャレンジしていることでもあるのです。ワクワクしながら子育てを楽しんでください。

コラム　ネウボラ保健師さんから見た日本のママたち

フィンランドのネウボラ制度は、妊娠期から6歳までのすべての子どもと、その養育者を医療面とメンタル面の両面でサポートする素晴らしい制度です。ファミリーごとに国家資格をもつネウボラ保健師さんが一貫して担当します。

日本を視察したあるネウボラ保健師さんに、日本のママたちについてインタビューしたことがあります。そのとき、こんなことをおっしゃっていました。

「日本人ママたちは、自分のことを開示するまでにとても時間がかかります」

我慢するほうがいいと思っていて、本当は何に困っているのか、自分自身の状態を客観視できない傾向があるというのです。それでギリギリまで一人でがんばってしまい、ある日突然爆発することに。

そうなる前に、誰かに頼ったり、手を貸してもらったりしていいのです。そのほうが、結果的にいい方向に進みます。

五感を使って子育てのイライラを解消する

まだ話せない、歩けない赤ちゃんのころは、手間はかかりますが、まだ心のゆとりはあるかもしれません。ところが乳児から幼児になって意思がはっきりしてくると、ママの思い通りにならないことが増えてきます。小学生になると、宿題、クラスでの態度などが気になりますよね。

頭では、それが成長の証だとわかっていても、ついイラっとしてしまう。どんなママにもあることです。たとえば、言葉を使えるようになってくると、ときには大人びたことを言うこともあるでしょう。ママに気持ちの余裕があるときは受け流せても、ストレスが溜まっていたり、疲れてイライラしていたりするときに言われると、子どもの言うことだとはわかっていても、ついカッとなることも。

そうならないためのいちばんの対処法は、何よりストレスを溜めすぎないことです。

私がママたちにおススメしているのは五感を使ったストレス解消法です。

五感といえば嗅覚、聴覚、味覚、触覚、視覚ですが、**誰でもすぐできて五感のすべてを使えるのは美味しいものを食べること。**いつも家族のためにお料理しているママですが、ときには美味しいランチに行ってみるのもいいですよね。

味を楽しむだけでなく、お店の雰囲気に浸っているとホッとできます。私の場合は、緑が見えて広がりを感じるお店を選びます。とてもホッとします。友だちと一緒に食事をしてストレス解消トークで盛り上がるのもいいですが、ひとりだけでゆっくりと時間を過ごしながら食事をするのも、いいですよ。

私が主宰している「子育てママ講座」では、みなさんにご自身のストレス解消法を決めていただいています。コーピングといって、ストレスが溜まったなあと感じたら、これをすると決めておくストレス対処法です。

あるママは、まだ下の子が1歳、上の子は小学校1年生で、ゆっくり自分の時間を取ることができません。その方は、ご自身の好きなマグカップを買って、家で自分だけのおひとり様カフェタイムをつくっているそうです。

心地のいい音楽、アロマなどの香り、大人も楽しめる美しい絵本など、心に安らぎを感じるものであればいいのです。

フィンランドはキャンドルをよく使う国です。冬が長く、太陽が見える日が少なく、自然の色も少ないのです。そんな環境で暮らすフィンランド人は、キャンドルを見つめて安らぎを感じているようです。

私も冬場にフィンランドに視察に行くと、ホテルのあちこちに置かれているキャンドルの火を不思議と眺めたくなります。

忙しくなると呼吸は浅くなるといわれます。ですから、忙しい！　と感じたら、深呼吸をしてみてください。私は、フライトのときにもそうしていました。キラキラ輝いている空気を吸う場面をイメージすると、スーッとしますよ。

ホッとしたいときは、こんなワークもおススメです。

・子どもが寝静まってからお風呂にゆっくり入る
・アロマの香りとキャンドルでゆったりとした時間を過ごす
・1週間に1回は好きなカフェでマイタイムをつくる
・女性雑誌を眺める（女性雑誌はポジティブな表現が多いからです）

親から引きついだ負のスパイラルを断ち切る

先のチャプターでお話ししましたが、私たちは全員、親からいろいろな影響を受けています。それは、自分がママになって子育てをするときにも影響してきます。たとえば、「私は母親からほめられたことがないから、子どもをほめることができないんです」と打ち明けるママたちはたくさんいます。

親から引き継いだ負のスパイラルを断ち切ってママがハッピーになることは、必ず子どもの成長につながります。これはとても大切なことなので、もう少しお話しします。

子育て中のママは、昭和の世代の親に育てられた人が多いと思います。この世代は、夫は外で働き、妻は家を守るというのが一般的でした。子育てについても情報があまりなかったですし、たとえば「ほめる」ことがいいとか悪いとか考える余裕もなかったでしょう。

それでも、子どもに対する母親の愛情は今と変わらなかったはずですが、それを表現しないと子どもに伝わらないという認識は薄かったと思います。伝わっていないかも、という疑問も感じていなかったでしょう。

今のママたちは、そんな世代の親に育てられた方が多いのです。もう一度子どものころに戻って「ほめてほしい」わけではないですが、なかにはひどい言葉をかけられて育ったり、両親のケンカが絶えなかったりという体験をされていることもあります。

自分の子どもには、そんな辛い思いをさせないと思いながら子育てしているはずなのに、どこかで自分の親の影響が出てきます。そうは自覚していなくても、子育てがうまくいかず不安になってきます。

そんなときは**親との関係を振り返ってみる必要があります。**身体的暴力を受けたり、心に深い傷を負ったりした場合は専門家のカウンセリングが必要ですが、たいていは自分で振り返ってみることで解決できます。

当時、親はどんな状況に置かれていたのか。子どものころは見えなかった親の事情が見えてくると思います。どうしてあんなふうだったのだろうと怒りを感じたり、否定したりしたくなるかもしれませんが、客観的にそういう事実があったと認識できれば、それでいいのです。

あるママは、「私の母は学校の教師で、いつも厳しく言われた」と言います。別のママは、実家の家業がうまくいかず、両親のいさかいが絶えなかったと自分の子ども時代を振り返っています。いつも母親はイライラしていて家の空気は重苦しかったそうです。

そうした母親の影響が自分の子育てにも引き継がれているのではないかと思うと、子育てが苦しくなります。こんなとき必要なのは、自分の母親から引き継いだ負のスパイラルを断ち切ることです。

そのためにはどうすればいいのでしょうか。無理をする必要はありませんが、今ならやってみようかなと思ったときにチャレンジしてみてください。

まず意識してほしいことを確認しておきます。

①親の子育ての背景や状況を考えること
②フラットにそのまま受け入れること
③捉え方をポジティブに変えること
④子育てを前向きに楽しむ、と自分で決めること

具体的な作業としては、自分の親の子育てはどうだったか、思い当たることを書き出していきます。たとえば、こんな感じです。

・いつも厳しくしつけられた
・ほめられなかった
・無視されたことがある
・兄弟のことばかり可愛がっていた
・成績のことばかり言われた
・両親が離婚したとき、とても嫌な感じがした

おそらく、思いつくのはマイナスのことが多いでしょう。そんなこと、いくら書いてもどうしようもないと思われますか。大切なのは、それらがいい、悪いではなく、そ

ういう事実があったことを認めることなのです。

それができたら次は、これからどうしたいと思うか、書き出してみましょう。数字を入れたほうが、これから行動しやすくなります。たとえば、こんな感じです。
・子どもには1日1回笑顔で話してみる
・週末には子どものいいところを3つ認める
・できたときはハイタッチして喜ぶ
では、実際にやってみてください。きっと、子どもと向き合うママの気持ちに変化が現われてきますよ。

自分の人生を子どもの人生でリベンジしようとしていないか

ママたちの話を聞いていると、こんな言葉がよく出てきます。

「自分が果たせなかった夢を子どもには叶えさせてあげたい」

この言葉は子どもへの愛情表現のように聞こえますが、じつは自分が実現できなかったことを子どもの人生に置き換えてリベンジしようとしているかもしれないですよ。

子どもの人生は子どものものです。もちろん、親や環境の影響を受けながら成長していきますが、子どもは親の所有物ではありません。

フィンランドなど北欧では、「子どもにも子どもの人権がある。たとえ親であっても、その人権を侵害することはできない」という考え方がはっきりしています。ところが日本は、家社会であり、母子一体という伝統があるため、どうしても親離れ、子離れがしにくい面があります。

そんな日本社会も、家社会から個人の多様性を優先する社会へと急速に変化してきています。そのなかで子どもの成長を思うなら、親は親の人生を生きることです。それがいちばんの子どもへの愛情であり、自立への支援になります。

子どものためと言って、じつは子どもを縛り付けているかもしれませんよ。べったり一緒にいなくても、親が自分の人生を生きていれば、互いに信頼し合い、心から感謝し合える関係になっていきます。それは、いつからでも、いくつになってからでも始められます。

脱マルチタスクママ！ めざせ！

海外でよく耳にする言葉があります。「日本人を妻にした男性は世界一幸せになれる」と。日本人女性はやるべきことを一生懸命にやりますし、きれい好きで、家事も上手だと思われているからです。

日本人女性は他国の女性に比べて忍耐力もありますし、家で面白くないことがあっても外では主張しません。時代が変わってもまだ、女性は控えめにして男性を立てなくてはいけないという意識は根強いのです。最近は積極的に発言する女性も増えてきていますが、まだまだ出しゃばらない、主張しないことがよいというＤＮＡは強く残っています。

しかし、それが、男性が上で女性が下という関係を認めているように見られるなら、そうですねとは言えませんよね。男女平等社会では、どちらが上ということはないのです。

私たち女性の脳はマルチタスク型で、一度にいろいろなことに気づき、それらを同時に進行することができます。一方、男性の脳はシングルタスク型で、何かに集中したらわき目もふらずに専念することができます。そのような脳の特性の違いから、男性と女性の行動パターンに違いが生じてくるのです。

いろんなことを並行して処理しなければならない日々の家事は、マルチタスク型の女性のほうが向いているともいえます。それゆえ、家庭内のことはすべてやらないと気が済まなくなり、イライラの原因を自分でつくりだしているママが多いと思います。

そのことが子どもの成長を妨げているとしたら、「めざせ！　脱マルチタスクママ」にチャレンジしてみませんか。

キャラ弁づくりの落とし穴

インスタ映えするキャラ弁づくりはとても楽しいです。しかも、子どものためにがんばれるからスイッチが入りますよね。でも、やりすぎになるママがけっこういます。子どものためにはじめたはずなのに、周りに自慢するためのキャラ弁づくりに追われてしまい、子どもは冷めているなんてことになっているかも。

おススメしているお弁当づくりがあります。それは、子どもと一緒にお弁当のアイデアづくりをすることです。どんな野菜を入れるか、色合いはどうするか、子どもが好きな動物をデザインするのはどうか、どんどんアイデアが出てきて楽しいコミュニケーションが生まれます。図を描くともっと楽しくなるでしょう。
まず、こんなふうに言葉かけをしてみてください。

子ども：「どういうのがいいかな？」
ママ：「それ、いいね。ママはこうしたらいいと思うけど、どう？」
子ども：「楽しいね～」
ママ：「どんなお弁当になるのか、ワクワクするね～」

お弁当のデザインが出来上がったら、子どもと一緒にキッチンで作ってみましょう。

家事、育児の達成感を味わう方法

家事、育児はやって当たり前で、自分はもっとできるはずだと思うと、あれもこれも気になってしまい、気づくとへとへとになることも。そのストレスを子どもにぶつけてしまうこともありますよね。

『To Do LIST』を使って頭もすっきり整理

やり終わった項目に付せんを貼ることで達成感を味わえる

家事、育児を業務として計算すると年収1000万円にもなるというデータがありますが、そんなことがわかったところで達成感を味わえるわけではないですよね。私はもっと身近なことで達成感を感じる工夫をおススメしています。

まず、家事、育児で毎日やっていることをリスト（「TO DO LIST」）にして紙に書いておきます。そして、実際にやったら、その項目に付せんを貼っていきます。リストをボードなどに書いて、やったら消していってもいいでしょう。

こうすることで、毎日追われるようにやっていることを一つひとつ意識しながら取り組めるようになります。やったあと付せんを貼ることで達成感を味わうこともできます。

もうひとつ、リストをつくるメリットがあります。忙しくて頭の中がいっぱいというとき、やるべきことに優先順位をつけられて、すっきり整理できます。どうしてこんなにやることが多いのだろうとイライラしなくてもすむようになりますよ。

子どももチームの一員だと思って、できることを増やしましょう

世界的に幸福度が高いフィンランドですが、離婚率は高いほうです。それでも、離婚しているから不幸という考え方をする人は少ないようです。教育、児童福祉、育児支援に対する国家予算比率が高いことや、夫婦関係は解消しても親の役割は果たすという考え方が定着していることなども影響しているのかもしれません。

どちらにしても、夫婦のいざこざは子どもに影響します。子どもは小さな身体全体にアンテナを張って、親の表情や言葉の響きなどを敏感にキャッチしています。頼れる親たちがどうなってしまうのか危機感を感じると、それが子どもの脳に深刻なダメージを与えるといわれています。

夫婦関係がどうしてもうまくいかないと、夫婦がぶつかり合ったり、激論になったりする場面が増えるでしょう。とくに離婚の場合はそうです。離婚のことは、できるだけ子どもがいないところで話すようにしたほうが子どものダメージを防ぐことができます。

結果として、離婚することになったら、あとは必ずいい方向に向かっていくと思って、子どもと前向きな気持ちで向き合ってください。といっても、シングルマザーになると、仕事もしながら家事と育児をしていかなければいけないので、本当に大変です。でも、そんなときだからこそ、子どももチームの一員だと思って家事を手分けし、子どもができることをどんどん増やしましょう。子どもに悪い、なんて思う必要はありません。悪いことをした、と思われたら子どもは辛いだけです。

自分で離婚を決断できたと、自分に自信を持ち、日々の生活の中で子どもと一緒に小さな幸せをどんどん見つけてください。そんな小さな幸せが積み重なっていくことこそ、一生の心の宝物になります。

先生を味方にする小さなコミュニケーションのススメ

フィンランドはクラスの人数が25人前後。さらにクラスの人数を半分にした授業も行なっていますし、アシスタントが付くこともあります。羨ましいですよね。

一方、日本はクラスの人数が多いうえに、業務量もブラック企業並といわれるくらい多いので、先生の忙しさは大変な状態です。そんな先生にわが子をしっかりみてほしいのであれば、何か問題が起きてから相談するのではなく、日ごろからコミュニケーションしておくことが大事です。

教師としてできていないことや対応の悪さを指摘する前に、忙しいなかで努力している先生の頑張りに感謝の言葉を伝えるほうが先だと思います。たとえば、「いつもありがとうございます」とひと言、気持ちをこめて伝えているだけでも、先生とのコミュニケーションはぐっとスムーズになります。

先生に不満があると、つい愚痴や悪口を子どもの前で言ってしまいがちですが、これは禁句です。ママ友との会話であっても、近くにいる子どもは敏感にキャッチしています。先生や学校の情報交換は、子どもがいない場所で行ないましょう。

子どもの前でヒトの悪口を言わない

フィンランドには、いわゆる日本のようなママ友という付き合いはありません。もちろん、子ども同士の関係をきっかけに親同士が友だちになることはあるでしょうが、それは子どものママとしての付き合いではなく、大人同士としての関係が中心です。

日本では、ママ友との関係で悩むことがけっこうありますよね。この関係が、女性特有の噂、妬み、かげ口の場になることもあるからです。その背景には、日本の競争社会があるのかもしれません。

もちろん、いい人間関係をつくれるママ友なら、子育ての悩みや学校の情報を共有してお互いに助け合ったりもできるでしょうが、違和感があるときはうまく距離をとってもいいのです。

とはいっても、子どものことがあるのでまったくムシするわけにはいきませんよね。こんなふうに考えてみてはいかがでしょうか。

・自分は自分、人は人と割り切って考える
・相手と距離があってもいいと考える

・何でも相手に合わせず自分らしくしていようと考える

そのように考えて自分の中で線を引いておくと、ニッコリ笑顔でその場をやり過ごす余裕を持てるようになります。

もう一つ大切なことがあります。どんなに**ママ友のこと、先生のこと、夫のことで嫌なことがあっても子どもの前では言わないこと**です。

ママがそのヒトをどう思っていても、子どもが関係していることは事実です。どうせ子どもはわかっていないと決めつけて、大人のエゴで悪口を言ってしまうと、水がスポンジに吸い込まれるように子どもの心にしみ込んでいきます。子どもはまだ自分で良い、悪いを区別できません。

女性は集団で行動する生き物です。プラスの方向に向かうときはいいのですが、マイナスの方向に流されていきやすい面もあります。ママ友なら、ママだけでなく子どももも一緒に流されることになります。ママ友で話していることが子どもにも伝わっていきます。

心理学では、人は集団思考に陥ると判断を誤ってしまうことがわかっています。一人ひとりでは正しい判断ができるのに、集団になると同調してしまい、何かがおかしいと気づきながら結果的に間違った方向に進んでしまうのです。これはかなり危険なこと。

ヒトがどう言っているかより、自分がどう考えるかを大切にしてください。答はヒトにはなく、自分の中にしかありません。親や大人が自分の軸をもって、自分らしく、自分の人生を生きているかどうか。それがあると、子どもは安心して親と向き合うことができるのです。フィンランド人の幸福度が高いいちばんの理由もそこにあると思います。

大きな幸せより、日々の小さな幸せを味わえる女性になる

一生の中で幸せを感じるときって、どんなときでしょうか。たとえば受験合格、入学、結婚、出産など大きな出来事は幸せを得られるタイミングですよね。

でもじつは、人生を幸せに生きている人は大きな出来事より日々の小さなことに幸せを感じることができるという研究結果があります。大きな幸せは、それが終わると

幸せ度が下がってしまいますが、小さな幸せ、小さな喜びをキャッチできていれば落ちることはないのです。

ですから、これが叶ったら、あれがあったら幸せになれると思うより、今叶っていること、すでにあることに意識を向けたほうが、どんどん幸せ感が膨らんでいきますよね。

どんな小さなことでもいいので、幸せだなと感じることを書き出してみてください。

思い通りにいかないとき、モヤモヤしているとき、壁にぶつかったときにそれを見ると、幸せ感が蘇ってきますよ。

私はこんなことを書き出しました。みなさんは、どうですか。

・日本に生まれたこと
・日本で世界中の美味しいものを食べられること
・日本の美しい四季を楽しむことができること
・治安がいいこと
・健康で毎日生きていること
・大好きな花を楽しむことができること

・自分の好きな仕事をできていること
・友だちがいること
・本が自由に読めること
・道端に咲いてるタンポポに気づいたこと

コラム　何事もプラスに考える習慣を身につける

日本に留学していたフィンランド人女性が話してくれました。

「フィンランドにいたときはずっとモヤモヤしていました。日本が好きで日本に留学して、初めてフィンランドがいいところだと気づいたんです」

日本にいると日本の良さがわからないのと同じなんですよね。

結局、彼女はフィンランドで生活することを選びました。つまり、外からは幸せそうに見えるフィンランド人にも何かしらうまくいっていないことがあって、谷あり山ありなのです。

違いは、谷にいる時間が長いか短いかです。早く山を見上げて登りはじめると、谷にいる時間が短くなります。何事もプラスの方向で考える習慣を身につけたほうがいいですよね。

心の栄養を見つける

女性は運命を他人に任せがちです。夫や子どもに合わせるのではなく、自分がどうしたいのか自分で決めることが、女性の幸福度アップにつながります。

自分が好きなこと、ワクワクできることを持っていると、それが心の栄養になります。それはわかるけど、自分の好きなこと、ワクワクできることが見つからないんですという方がいたら、「ママのプチワーク」をやってみてください。やり方は簡単です。

まず、自分が好きなこと、できることをできるだけ具体的にたくさん書き出しましょう。子育てをする前に楽しかったことや学生時代にワクワクしたことを思い出して書いてもいいですよ。

たとえば、こんな感じです。人と会って話をすること、文章を書くこと、お買い物、おそうじや片付け、アロマなど香りを楽しむこと、本を読むこと、映画を観ること、お洋服の組み合わせを考えること、コスメを選ぶことや短時間でお化粧すること、アクセサリーや小物などのハンドクラフト……。

何もないと思っていたのに、意外に次々と出てくるものですよ。書き出したことはどれも、自分の心の栄養になるものです。どれからでもやってみてください。ウキウキ、ワクワクしてきて心の栄養補給になりますよ。

「応援しています。♪」

おわりに

２０１３年、とにかく現地で授業を見たい、と初めて一人でフィンランドに行き、自分で見つけた視察先で通訳してくださったのが今は亡きＫさんでした。Ｋさんは私より10歳くらい年上の女性でした。フィンランド人男性と結婚し子育てをし、30年以上フィンランドに住んでいるのに日本人らしさをなくすことなく、周囲に気配りをしながら誠実にお仕事をされる姿を見て、フィンランドという国は、日本人が日本人らしく過ごせる国なんだなと思いました。

他の欧米諸国に出かけると日本にいるようにリラックスできずかなり気合いを入れないといけないのですが、フィンランドは私たち日本人が心地よく過ごせる空気感を持っています。

何度視察に行ってもいつも快く受け入れてくださり、資料も惜しみなくご紹介くださる先生方やネウボラの皆さまに心から感謝しています。

そして、サポートしている日本の子育てママたちにもいつも気づきをもらっています。

「人はみんな違っていい。でも人の気持ちを理解することは結構難しい」。だから対話をしたり、寄り添ってコミュニケーションすることが必要だといつも感じています。

これから日本の子どもたちが「未来をつくり地球平和のために活動してくれる」。だからすべての子どもたちの可能性をつぶしてはいけないのです。

我が子のことだけでなく、難民の子どもも、犯罪を犯してしまった親の子どもも、レッテルを貼らずに支援する愛情と知性あふれるフィンランドの人々を心から尊敬しています。

これからもフィンランドのようにすべての人がハッピーに生きるためにどのようにしていけばいいのかを追求していきたいと思います。

最後になりますが、この本を書くために関わってくださったすべての皆さまに心よりお礼を申し上げます。

ありがとうございます。キートス！

水橋史希子

二〇一九年六月

参考文献

『フィンランドに学ぶ教育と学力』（庄井良信　中嶋 博　明石書店）

『子どもの脳を傷つける親たち』（友田明美　ＮＨＫ出版）

『愛着障害』（岡田尊司　光文社）

『フィンランドのネウボラに学ぶ母子保健のメソッド』（横山美江　ハクリネン・トゥオヴィ　医歯薬出版）

将来の学力・コミュ力は 10歳までの「言葉かけ」で決まる

2019年7月12日　第1刷発行
2020年1月6日　第2刷発行

著　者――水橋史希子

発行人――山崎 優

発行所――コスモ21
〒171-0021　東京都豊島区西池袋2-39-6-8F
☎03(3988)3911
FAX03(3988)7062
URL https://www.cos21.com

印刷・製本――中央精版印刷株式会社

カバーデザイン――中村 聡
本文イラスト――横内俊彦(ビジネスリンク)
書籍コーディネート――小山睦男(インプルーブ)

定価はカバーに表示してあります。

ISBN978-4-87795-381-2 C0037